러시아 시화집

베스트셀러 × 세계 100대 명화

러시아 시화집

MUSE

목차

글 : 작가 ― 그림 : 작가

1. 현재 : 레프 니콜라예비치 톨스토이 ― 신성삼위일체 : 안드레이 루블료프
   · 010

2. 좋은 인간 : 레프 니콜라예비치 톨스토이 ― 청년 바르톨로뮤의 비전 : 미하일 네스테로프 · 012

3. 이른 봄 : 레프 니콜라예비치 톨스토이 ― 스페인의 해안 마을 : 콘스탄틴 고르바토프 · 014

4. 절대적 정의 : 레프 니콜라예비치 톨스토이 ― 알렉산데르 3세는 모스크바의 페트로프스키 궁전 마당에서 시골 지역의 노인들을 맞이했다. : 일리야 레핀 · 018

5. 죽음의 공포 : 레프 니콜라예비치 톨스토이 ― 물결 : 이반 아이바좁스키 · 020

6. 좋아하는 일을 하세요 : 레프 니콜라예비치 톨스토이 ― 예술가의 스튜디오에서 : 바실리 푸키레프 · 022

7. 시간은 금 : 레프 니콜라예비치 톨스토이 ― 조용하고 안전한 : 이삭 레비탄 · 024

8. 때론 체념도 필요합니다 : 레프 니콜라예비치 톨스토이 ― 화가다운 건축학(정물화 악기) : 류보프 포포바 · 026

9. 진실한 법칙 : 레프 니콜라예비치 톨스토이 ― 화가 이반 시시킨의 초상화 : 이반 크람스코이 · 028

10. 사랑의 힘 : 레프 니콜라예비치 톨스토이 ― 무제 : 바실리 트로피닌 · 030

11. 두 가지를 주의하세요 : 레프 니콜라예비치 톨스토이 ― 로터스 : 니콜라스 레리히 · 032

12. 다시 한 번 생각해보세요 : 레프 니콜라예비치 톨스토이 ― 수련 : 이삭 레비탄 · 034

13. 스스로 만족하는 삶 : 레프 니콜라예비치 톨스토이 ― 여성 기수 : 카를 브륄로프 · 036

14. 꿈 : 레프 니콜라예비치 톨스토이 — 악천후에서 크렘스키 다리에서 바라본 크렘린의 풍경 : 알렉세이 사브라소프 • *038*

15. 기도 : 미하일 레트몬토프 — 러시아 마을의 부활절 행렬 : 바실리 페로프 • *040*

16. 감사 : 미하일 레트몬토프 — 아그라에 있는 진주 사원 : 바실리 베레샤긴 • *042*

17. 서러움 : 미하일 레트몬토프 — 여자의 얼굴 : 알렉세이 폰 야블렌스키 • *044*

18. 황량한 북쪽 나라에 : 미하일 레트몬토프 — 히말라야, 핑크 마운틴 : 니콜라스 레리히 • *046*

19. 바위 : 미하일 레트몬토프 — 일몰 효과 : 아르히프 쿠인지 • *048*

20. 이상한 애정 : 미하일 레트몬토프 — 이시아의 일몰 : 이반 아이바좁스키 • *050*

21. 홀로 길을 나섭니다 : 미하일 레트몬토프 — 시티 게이트의 마지막 선술집 : 바실리 페로프 • *054*

22. 신의 위대함 : 미하일 레트몬토프 — 구르 조프의 밤 : 이반 아이바좁스키 • *056*

23. 삶이 그대를 속일지라도 : 알렉산드르 푸시킨 — 무라슈코의 초상화 : 일리야 레핀 • *060*

24. 삶이라는 짐마차 : 알렉산드르 푸시킨 — 붉은 말의 입욕 : 쿠즈마 페트로프보드킨 • *062*

25. 노년의 삶 : 표도르 바젬스키 — 폼페이의 마지막 날 : 카를 브륄로프 • *064*

26. 회상 : 알렉산드르 푸시킨 — 스케테의 겨울 : 미하일 네스테로프 • *068*

27. 슬픈 노래 : 알렉산드르 푸시킨 — 석양에 폭풍우 치는 바다 : 이반 아이바좁스키 • *070*

28. 시베리아 광맥 속에 : 알렉산드르 푸시킨 — 로시니 오스트로프 : 알렉세이 사브라소프 • *072*

29. 고향의 하늘 : 알렉산드르 푸시킨 — 산타 마리아 델라 살루트, 호텔 베니스 : 콘스탄틴 고르바토프 • *074*

30. 때가 왔습니다 : 알렉산드르 푸시킨 ― 파랑의 여인 : 콘스탄틴 소모프 • 076

31. 노란 들판 : 미하일 레르몬토프 ― 오페라 루슬란과 류드밀라의 작곡 중 미하일 이바노비치 글링카 : 일리야 레핀 • 078

32. 수도사와 수녀 : 알렉산드르 푸시킨 ― 수녀들 : 미하일 네스테로프 • 080

33. 나 그대를 사랑했습니다 : 알렉산드르 푸시킨 ― 젊은 정원사 : 오레스트 키프렌스키 • 082

34. 밤의 어둠 : 알렉산드르 푸시킨 ― 독서하는 여자의 초상화 : 이반 크람스코이 • 084

35. 그대와 댁 : 알렉산드르 푸시킨 ― 사모바르 : 쿠즈마 페트로프보드킨 • 086

36. 기억에 바칩니다 : 알렉산드르 푸시킨 ― 에로틱한 장면 : 콘스탄틴 소모프 • 088

37. 메아리 : 알렉산드르 푸시킨 ― 숲 속의 호수 : 이삭 레비탄 • 090

38. …에게 : 알렉산드르 푸시킨 ― 콘스탄티노플과 보스포러스 해협의 전망 : 이반 아이바좁스키 • 092

39. <핀데몬티> 중에서 : 알렉산드르 푸시킨 ― 이탈리아 정오 : 카를 브률로프 • 096

40. 기념비를 세웠습니다 : 알렉산드르 푸시킨 ― 크림반도의 풍경 : 이삭 레비탄 • 098

41. 작은 꽃 하나 : 알렉산드르 푸시킨 ― 베아트리체 레비 부인의 초상화 : 일리야 레핀 • 102

42. 포도송이 : 알렉산드르 푸시킨 ― 무지개가 있는 풍경 : 콘스탄틴 소모프 • 104

43. 교외를 거닐다가 : 알렉산드르 푸시킨 ― 러시아 트로이카가 있는 풍경 : 알렉세이 베네치아노프 • 106

44. 마지막 꽃 : 알렉산드르 푸시킨 ― 이탈리아의 봄 : 이삭 레비탄 • 110

45. 죽음 : 표도르 도스토옙스키 ― 성 세바스찬 역의 이다 루빈스타인 : 레온 박스트 • 112

46. 죄와 벌 中 : 표도르 도스토옙스키 ― 소나무 숲 : 이반 시시킨 • 114

47. 황금의 숲 : 세르게이 예세닌 ― 카프리 전경 : 콘스탄틴 고르바토프 • 116

48. 환멸 : 예브게니 바라틴스키 ― 앉은 악마 : 미하일 브루벨 • 120

49. 시간의 강은 자신의 흐름으로 : 가브릴라 데르좌빈 ― 일리야 레핀 초상, 어린 시절 : 일리야 레핀 • 122

50. 백조, 잉어, 그리고 게 : 이반 크릴로프 — 구성(빨강-검정-금) : 류보프 포포바 · 124

51. 세계 속에서 : 이노켄티 아넨스키 — 볼가 너머의 길잡이들 : 미하일 네스테로프 · 126

52. 한숨 쉬세요 : 표도르 솔로구프 — 볼셰비키 : 보리스 쿠스토디예프 · 128

53. 고독 : 발레리 브류소프 — 소령과의 결혼 : 파벨 페도토프 · 130

54. 사랑하는 친구여 : 블라디미르 솔로비요프 — 해바라기가 있는 정물 : 콘스탄틴 고르바토프 · 134

55. 모든 것을 축복합니다 : 알렉산드르 블로크 — 파이어버드를 위한 의상 디자인 : 레온 박스트 · 136

56. 향냄새로 감싸고 : 알렉산드로 베르틴스키 — 작은 역 : 이삭 레비탄 · 138

57. 나를 비웃지요 : 알렉산드르 베르틴스키 — 차 상인의 아내 : 보리스 쿠스토디예프 · 140

58. 햄릿 : 보리스 파스테르니크 — 그들은 승리합니다 : 바실리 베레샤긴 · 142

59. 불면의 집 : 마리나 이바노브나 츠베타예바 — 귀족의 아침 : 파벨 페도토프 · 144

60. 거미 한 마리 : 소피아 파르노크 — 뉴맨 : 엘 리시츠키 · 146

61. 아이들 책만 읽으세요 : 오시프 만델슈탐 — 아기와 간호사 : 알렉세이 베네치아노프 · 148

62. 흐트러진 정신으로 : 게오르기 이바노프 — 오다 리스크 의상 디자인 : 레온 박스트 · 150

63. 밤, 거리 : 알렉산드로 블록 — 케스트너맵 프라운, 롭 레브니스, 채프먼 GmbH 하노버 # 5 : 엘 리시츠키 · 152

64. 자유의 영감 : 니콜라이 아지코프 — 시슈마레바 자매의 초상 : 카를 브률로프 · 154

65. 농부의 생각 : 알렉세이 콜초프 — 농민 여성 : 미하일 네스테로프 · 156

66. 도시 : 아폴론 그리고리예프 — 델리에 있는 모스크 : 바실리 베레샤긴 · 158

67. 쾌락과 더러움 : 다닐 하름스 — 숲 : 이반 시시킨 · 162

68. 도둑 : 니콜라이 네크라소프 — 탈곡 헛간 : 알렉세이 베네치아노프 · 166

69. 공적을 위하여 : 오시프 만델슈탐 — 영웅들 : 빅토르 바스네초프 · 168

70. 수줍은 숨결 : 이파나시 페트 — 소피아 슈발로바의 초상 : 카를 브륤로프 • *170*

71. 의식은 고통 : 야코프 폴른스키 — 대귀족부인 모로조바 : 바실리 수리코프 • *172*

72. 태양의 불타는 입술 : 니콜라이 구밀료프 — 꽃 모자를 쓴 어린 소녀 : 알렉세이 폰 야블렌스키 • *174*

73. 사랑할까요? 아닐까요? : 블라디미르 마야코프스키 — 운세 : 알렉세이 베네치아노프 • *176*

74. 여인에게 보내는 편지 : 세르게이 예세닌 — 삿코 : 일리야 레핀 • *178*

75. 나 그대에게 : 아파나시 페트 — 알 수 없는 여성의 초상 : 이반 크람스코이 • *182*

76. 겨울밤 : 보리스 파스테르나크 — 백조 공주 : 미하일 브루벨 • *184*

77. 마지막 시인 : 세르게이 예세닌 — 진흙 바다 : 알렉세이 사브라소프 • *188*

78. 2월의 대기 : 이반 부닌 — 보시코프, 그의 딸 바바라 그리고 소르케 양 : 바실리 트로피닌 • *190*

79. 종종 지상에서 : 바실리 주코프스키 — 화요일 팬케이크 : 버터 위크 : 보리스 쿠스토디예프 • *192*

80. 나의 혼 : 콘스탄틴 비튜슈코프 — 스파르타의 헬렌 : 레온 박스트 • *196*

81. 시 : 보리스 파스테르나크 — 요크에 린넨 세탁소녀 : 이반 크람스코이 • *198*

82. 저 높은 곳에 : 이반 부닌 — 탕라에서 가장 크고 신성한 곳 : 니콜라스 레리히 • *200*

83. 천공이 떨린다 : 블라디미르 호다세비치 — 죄수의 안식처 : 바실리 베레샤긴 • *202*

84. 지옥에서 : 막시밀라인 볼로쉰 — 올리브 나무, 벽, 바람 : 알렉세이 폰 야블렌스키 • *204*

85. 오시안의 이야기 : 오시프 만델슈탐 — 철학자 : 미하일 네스테로프 • *206*

86. 야생의 즐거움 : 콘스탄틴 비튜슈코프 — 참나무 숲의 비 : 이반 시시킨 • *208*

87. 주위의 모든 것 : 아파나시 페트 — 머리 손질(1935년 '포기와 베스'의 루비 엘지) : 세르게이 수데이킨 • *210*

88. 이삭들 : 이반 부닌 — 세탁소 : 아이작 브로드스키 • *212*

89. 사랑하고도 싶은데 : 드미트리 메레주코프스키 — 소년원의 딸, 팔짱을 끼고 : 바실리 수리코프 • *214*

90. 유명세는 추합니다 : 보리스 파스테르나크 — 파리의 카페 : 일리야 레핀 • *216*

91. 한없는 봄이여 : 알렉산드르 블록 — 헬레즈의 공주 : 미하일 브루벨 • *220*

92. 러시아 정신 : 바체슬라프 이바노프 — 레닌 트리뷴 : 엘 리시츠키 • *224*

93. 루스 : 니콜라이 네크라소프 — 볼가의 바지선 운반선 : 일리야 레핀 • *226*

94. 서시 : 블라디마르 마야코프스키 — 아홉 번째 물결 : 이반 아이바좁스키 • *230*

95. 시혼 : 예브게니 바라틴스키 — 굴은 향기 공연을 하는 동안 발칸 반도의 내부 : 바실리 페로프 • *234*

96. 봄봄 : 예브게니 바라틴스키 — 드니 프르에 붉은 석양 : 아르히프 쿠인지 • *236*

97. 스핑크스 : 표도르 튜체프 — 탑-카네 모스크 : 이반 아이바좁스키 • *240*

98. 침묵 : 표도르 튜체프 — 겁먹은 사람 : 엘 리시츠키 • *242*

99. 이 초라하고 가난한 마을들 : 표도르 튜체프 — 러시아에서, 사람들의 영혼 : 미하일 네스테로프 • *244*

100. 마지막 사랑 : 표도르 튜체프 — 긴 의자에 누워 있는 여자 : 콘스탄틴 소모프 • *246*

101. 낮과 밤 : 표도르 튜체프 — 대명사 : 엘 리시츠키 • *248*

102. 가을 저녁 : 표도르 튜체프 — 불평등한 결혼 : 바실리 푸키레프 • *250*

103. 다섯 시경 : 니콜라이 네크라소프 — 2003년에, 미국은 카스의 납치 소식 : 빅토르 바스네초프 • *252*

104. 지혜를 모릅니다 : 콘스탄틴 발몬트 — 끔찍한 차르 이반 : 빅토르 바스네초프 • *254*

105. 미친 듯 살고 싶습니다 : 알렉산드르 블로크 — 아나 카프리의 더운 날 : 콘스탄틴 고르바토프 • *256*

106. 결론 : 마야코프스키 — 폴레노우 가문의 초상 : 보리스 쿠스토디예프 • *258*

107. 아나스타시아 : 블라지미르 메그레 — 여인의 초상 : 아이작 브로드스키 • *260*

108. 날개 : 베라 파블로바 — 예술의 신격화 : 일리야 레핀 • *262*

109. 이 세상에 흥미롭지 않은 사람은 결코 없습니다 : 예브게니 옙투센코 — 볼가 : 이삭 레비탄 • *264*

현재

레프 니콜라예비치 톨스토이

과거는 이제 존재하지 않고
미래는 아직 다가오지 않았으니

존재하는 것은
오직 현재뿐입니다

그래서 현재 안에서만
인간 영혼의 자유로운
신성이 나타난답니다.

신성삼위일체 / 안드레이 루블료프 / 1425-1427.

좋은 인간

레프 니콜라예비치 톨스토이

우리는 좋은 일을
하려고 노력하기보다는
오히려 좋은 인간이 되도록
노력해야 합니다

우리는 찬란한 빛을
내려고 전전긍긍하기보다는
깨끗한 인간이 되도록
노력해야 합니다

인간의 영혼은
마치 유리그릇과 같지요

그래서 인간은
이 그릇을 더럽힐 수도,
더 깨끗이 빛나게 할 수도 있습니다.

청년 바르톨로뮤의 비전 / 미하일 네스테로프 / 1889-1890.

이른 봄

레프 니콜라예비치 톨스토이

이른 봄,
작은 풀은 겨우 고개를 내밀고
시냇물과 햇빛은 약하게 흐르고
숲의 초록색은 그저 투명하기만 합니다

아직 목동의 피리 소리는 고요한 아침에
울려 퍼지지 않고 숲의 작은 고사리조차
아직은 잎을 돌돌 말고 있습니다

이른 봄,
흰 자작나무 아래서
미소를 머금은 채 가만히 눈을 내리깔고
내 앞에 그대는 서 있었습니다

내 사랑에게 보내는 무언의 응답으로
살며시 눈을 내리 깔았던 그대.
찬란한 생명이여, 숲이여, 햇빛이여!

오, 푸르른 청춘이여, 꿈이여!
사랑스런 그대 얼굴을 보며
나는 가만히 울었습니다

이른 봄,
흰 자작나무 아래서
그것은 어쩌면 우리 생애의 이른 봄.
가슴 가득한 행복, 그리고 넘치는 눈물
찬란한 생명이여, 숲이여, 햇빛이여!

자작나무 잎의
연푸른 화사함이여,
마음껏 우세요.

스페인의 해안 마을 / 콘스탄틴 고르바토프 / 1945.

절대적 정의

레프 니콜라예비치 톨스토이

이 세상에 절대적인
정의란 것은 없습니다

그러니 자신이 완성되었다고
생각하지 마세요

단지 완성되어가고
있는 것이라 생각하세요

올바른 정의를 배반하는
죄를 범하지 않기 위해서는
오직 단 하나의 수단밖에 없습니다

적어도 자기 자신만큼은
계속 완성되어가고 있는 중이라고
생각하는 것입니다.

알렉산데르 3세는 모스크바의 페트로프스키 궁전 마당에서 시골 지역의 노인들을 맞이했다. / 일리야 레핀 / 1885-1886.

죽음의 공포

레프 니콜라예비치 톨스토이

만약 그대가 죽는 것이
무섭다고 생각된다면,

그 원인은 죽음
그 자체에 있는 것이 아니라
우리에게 있는 것입니다

인간은 옳은 생활을 하면 할수록
죽음에 대한 공포가 줄어들기 때문입니다

따라서 완성된 인간에게
죽음의 공포는 절대 존재하지 않습니다.

물결 / 이반 아이바좁스키 / 1889.

좋아하는 일을 하세요

레프 니콜라예비치 톨스토이

사람이 그저 좋아하는 일에 열중하면
몸이 아픈 줄도 모르게 됩니다

그러나 아무런 일조차
하지 않는 사람은

조금만 아파도
엄살을 부리게 되지요

마찬가지로 덕德의 완성을
인생의 가장 중요한 목적으로 삼고 있는

사람들은 아무렇지 않게
역경을 견뎌내지만

정신적인 수양을
제대로 쌓지 못한 사람들은

그 역경을 치명적인
불운으로만 여기게 됩니다.

예술가의 스튜디오에서 / 바실리 푸키레프 / 1865.

시간은 금

레프 니콜라예비치 톨스토이

시간은 귀중한 금입니다

그러나

한 푼의 가치조차 없는
일 년이 있는가 하면

수만금을 쌓아도
내 마음대로 할 수 없는
반시간이 있습니다

그러니 시간에도
여러 가지 시간이 있는 셈입니다.

조용하고 안전한 / 이삭 레비탄 / 1890.

때론 체념도 필요합니다

레프 니콜라예비치 톨스토이

인생에는 자신만의 목표를 향해 힘차게
나아가는 꾸준한 의지력이 필요한 반면,

때론 이미 지나간 일에 대한
체념이 필요하기도 합니다

힘차게 나아갈 때 계속 나아가고,
물리칠 때 제대로 물리칠 줄 아는 것이
바로 인생의 지혜입니다

성공한 사람이 오직 단 한 번의
실패로 자신을 그토록 망치는 것은
그것으로 인해
지나치게 상심했기 때문입니다

인생에는 때론 체념의 순간도
필요하다는 사실을 절대로 잊지 마세요.

화가다운 건축학(정물화 악기) / 류보프 포포바 / 1915.

진실한 법칙

레프 니콜라예비치 톨스토이

사람의 가장 큰 불행은
지극히 동물적인 것을 마치

영원한 삶의 본질인 것처럼
착각하는 데서 비롯됩니다

동물적인 생활 영역으로 전락해버린
인간은 어쩌면 죽은 목숨과 다를 바 없습니다

인생의 법칙을 위반한 인간에게는
오직 끔찍한 죽음의 고통만이 있을 뿐이지요

그러나 사랑의 진실한 법칙에 따라
살아가는 사람에게는 고통스러운 죽음도
끔찍한 고통도 없습니다.

화가 이반 시시킨의 초상화 / 이반 크람스코이 / 1873.

사랑의 힘

레프 니콜라예비치 톨스토이

사랑의 힘은 죽음의
공포보다 훨씬 강합니다

헤엄을 전혀 못 치는 아버지가
자식이 물에 빠진 것을 보고
구하기 위해 물속에 뛰어드는 것은
바로 사랑의 감정 때문입니다

그러니 사랑은 나 이외의 사람을 나보다
더 아끼는 마음에서 우러나오는 것입니다

인간의 삶에 끼어드는
불필요한 문제와 어긋난 모순들도
오직 이러한 사랑으로만 해결할 수 있습니다

사랑은 자신을 위해서는 한없이 약해지고
남을 위해서는 더없이 강해지는
본질을 지녔기 때문입니다.

무제 / 바실리 트로피닌 / 1850.

두 가지를 주의하세요

레프 니콜라예비치 톨스토이

삶이란,
한 사람의 인생에 있어서
지혜롭지 않은 것을
고쳐나가는 과정입니다

그러기 위해서는 다음과 같은
두 가지를 주의해야 합니다

첫째, 당신 생활 전반에 걸쳐
지혜롭지 못한 점을 올바르게 인식하고
그것을 바로잡도록
항상 노력해야 한다는 것입니다

또 한 가지는 인생에 있어서
모든 일들을 순수한 지혜를 통해
터득해야 한다는 것입니다.

로터스 / 니콜라스 레리히 / 1933.

다시 한 번 생각해보세요

레프 니콜라예비치 톨스토이

먼저 다시 한번 생각해보세요
그다음에 말하세요

말은 사람들이 싫증을 내기 전에
끝내야 하는 법입니다

인간은 말을 자유롭게 할 수 있다는 것 때문에
동물보다 나은 존재입니다

그러나 만약 그 말에 치명적인
독이 되는 점이 있다면,

오히려 동물보다 나을 것이 없는
존재가 되어버리고 맙니다.

수련 / 이삭 레비탄 / 1895.

스스로 만족하는 삶

레프 니콜라예비치 톨스토이

진정한 행복이란,
스스로 만족하는 것에 있습니다

남보다 나은 점에서
진정으로 행복을 구한다면
영원히 행복하지 못할 것입니다

왜냐하면 누구나 남보다 한 가지
나은 점은 있을 수 있지만

열 가지 전부가 남보다
뛰어날 수는 없기 때문입니다

그렇기 때문에 진정한 행복이란,
남과 비교해서 찾는 것이 아니라

스스로 만족할 수 있는 것이
가장 중요합니다.

여성 기수 / 카를 브륄로프 / 1832.

꿈

레프 니콜라예비치 톨스토이

사람의 몸은
끊임없이 뛰던 심장이
멈출 때 죽지만,

사람의 영혼은
빛을 발하던 꿈을
잃을 때 죽습니다.

악천후에서 크렘스키 다리에서 바라본 크렘린의 풍경
/ 알렉세이 사브라소프 / 1851.

기도

미하일 레트몬토프

인생이 차마
견디기 어려울 때
가슴속에 슬픔이
하나둘씩 밀려오면
나는 멋진 기도 하나를
되풀이하여 암송합니다

생생한 말의 조화 속에는
감사하고 은혜로운 힘이 있어
그 안에 결코 알 수 없는
신성하고 고결한 매력이 숨 쉬니

영혼에서 무거운 짐이 떨어져 나가듯
끊임없는 회의가 멀리 떨어져 나가고
믿음이 되돌아오고 울음이 터져 나오니
이토록 마음이 가벼울 줄 몰랐습니다.

러시아 마을의 부활절 행렬 / 바실리 페로프 / 1861.

감사

미하일 레르몬토프

이 모든 것을
당신에게 감사드립니다.

무한한 열정의 남모르는
고통에 대해,
쓰디쓴 눈물에 대해,
달콤한 키스의 독에 대해,
적들의 끊임없는 복수와
친구들의 적대적인 모함에 대해,

황야에서 전부 소진된
내 영혼의 열기에 대해,
사는 동안 나를 철저하게 기만한
모든 것에 대해,

지금부터 짧게나마
당신에게 진심으로
감사할 수 있길.

아그라에 있는 진주 사원 / 바실리 베레샤긴 / 연도미상.

서러움

미하일 레르몬토프

권태롭고 서럽습니다
영혼이 이처럼 암울할 때
손 내밀만한 사람이 아무도 없다니요!
희망! 아무런 소용없이
영원히 희망만 가지면 무슨 소용인지요?
세월은 그저 흘러만 가는데? 하, 좋은 세월이!

누구를 사랑하는지요?
순간의 사랑은 헛되기만 하고
영원한 사랑은 불가능합니다
자신을 들여다보면?
거기에는 지나간 것들이 흔적조차 없습니다
행복도, 고뇌도, 모든 것이 전부 사라졌지요

정열? 그 달콤한 병조차 어차피
이성이라는 이름 아래 그저 사라지고 맙니다
그래요, 삶이란 차가운 시선으로 돌아보면
그리도 공허하고 어리석은 농담인 것을.

여자의 얼굴 / 알렉세이 폰 야블렌스키 / 1911.

황량한 북쪽 나라에

미하일 레르몬토프

황량한 북쪽 나라에
우뚝 선 전나무 하나

아무것도 없는 산꼭대기에
쓸쓸하게 홀로 부드럽고

하얀 눈옷을 입고 외롭게 서서
가만히 몸을 흔들며 잠자고 있습니다

전나무가 내내 꿈꾸는 것은
머나먼 황야 태양이 빨갛게

불타는 나라에서 뜨거운 바위 위에
서럽게 홀로 자라는 아름다운

야자나무 하나입니다

히말라야, 핑크 마운틴 / 니콜라스 레리히 / 연도미상.

바위

미하일 레르몬토프

거대한 거인의 품에서
금빛 구름이 남몰래 자고 갔지요

밝은 아침이 되자,
그녀는 일찌감치 청람빛 하늘로
춤추며 살며시 달아났지요

그렇지만 늙은 바위의
주름살에 축축한 흔적을 남겼지요

외로이 깊은 생각에 잠겨서
그는 인적 없는 황야에서
가만히 숨죽여 울고 있지요

일몰 효과 / 아르히프 쿠인지 / 1890.

이상한 애정

미하일 레르몬토프

이상한 애정으로
나는 조국을 사랑합니다
내 이성조차 고개 숙이는
이상한 애정으로 말이지요!

뜨거운 피로 산 영광도,
자신만만한 믿음으로 가득 찬 평온도,
까마득한 옛날부터 전해오는 신비로운 전설도
내 속의 기쁜 생각을 조용히 소곤거리지 않습니다

스스로도 이유를 모르는 채
그저 내가 사랑하는 것들은
조국의 드넓은 초원의 차가운 침묵,
끝없이 펼쳐진 숲의 부드러운 흔들거림,
바다처럼 넘실거리는 잔잔한 강들입니다

그리고 천천히 밤의 짙은 어둠을 응시하면서
마차를 타고 시골길을 타박타박 달리는 것,

하룻밤 묵어갈 곳을 찾아 헤맬 때 여기저기
초라한 시골 마을의 가물거리는
반가운 불빛을 만나는 것입니다

불탄 들판 그루터기의 가늘고 흰 연기,
초원에서 밤을 지새우는 짐마차의 긴 행렬,
또 누런 들판 한가운데 나지막한 동산 위
흰빛의 자작나무 한 쌍이지요

또 많은 사람들이 모르는 무한한 기쁨으로
내가 사랑하는 것은 그득한 곡식 창고와 보드라운
짚이 덮인 조각이 새겨진 나무 덧창이 달린 오두막집,
이슬 내리는 축제일 저녁에 취한 농부들이
흥겹게 지껄이며 즐겁게 발 구르며 휘파람 불며
춤추는 것을 보는 것입니다. 한밤중까지.

이시아의 일몰 / 이반 아이바좁스키 / 1873.

홀로 길을 나섭니다

미하일 레르몬토프

나 홀로 가만히 길을 나섭니다
안개 사이로 비치는 새하얀 자갈길로
고요한 밤 황야는 위대한 신을 맞이하고
별과 별의 이야기를 나눕니다
하늘은 참으로 장엄하고 경이롭습니다
땅은 푸르게 빛나며 잠들어 있습니다
한데 난 왜 이렇게 가슴 아프고 괴로운지요?
나 도대체 뭘 기다리는 건지요? 뭘 애석해하는 건지요?
내 삶에서 이미 어느 무엇도 기다리지 않고
지나간 그 무엇도 애석해하지 않습니다
내가 찾는 건 오로지 자유와 평온뿐입니다
그저 나를 잊고 조용히 잠들었으면 합니다
하나 무덤의 차가운 잠 대신이지요
가슴속에 삶의 힘이 찬란하게 꿈꾸고
가슴이 숨 쉬며 고요히 부풀어 오르도록
그렇게 영원히 잠들었으면 좋겠습니다
밤이나 낮이나 늘 달콤한 목소리로
사랑을 노래하면서 내 귀를 부드럽게 어루만지고

내 위로 영원히 푸르른 잎을 피우는 울창한 참나무처럼
몸을 숙이고 흔들거렸으면 좋겠습니다.

시티 게이트의 마지막 선술집 / 바실리 페로프 / 1868.

신의 위대함

미하일 레트몬토프

환한 낮이 빛으로 얼굴을 가리고
어두운 밤이 들판을 어둠으로 덮으면
검은 그림자가 어느새 산을 오르고,
밝은 빛이 우리에게서 사라지고,
반짝이는 별에서 가득한 심연이 열립니다.
이토록 별은 수없이 많고, 심연은 끝이 없습니다.

바닷가의 수없는 모래 중 한 알처럼,
영원한 차가운 얼음 속 작은 불꽃 한 점처럼,
강렬한 회오리바람 속 먼지 한 톨처럼,
성난 불길 속 가벼운 깃털 한 올처럼
나 이제 그만 심연에 깊이 빠져
생각에 지치고 맙니다.

현자들의 입술은 우리에게 말합니다.
"그곳에 수없는 별들이 빛나고 있습니다.
별마다 사람들이 살고, 수세기의 역사가 있지요.
자연의 위대한 힘은 온 곳에 두루 나타나니

신의 영광은 온 우주에 넘친다".

하지만 자연이여, 그대의 법칙은 어디에 있는지요?
밤의 나라로부터 아침노을이 일어나다니요!
태양이 그곳에 붉은 왕관을 두었는지요?
얼음이 바다에 싸늘한 불을 지폈는지요?
보세요, 차가운 불이 우리를 덮었답니다!
낮이 밤에 지상으로 나타나다니요!

오, 그대들, 영원한 법칙의 책을 꿰뚫는
날카로운 통찰의 시선을 가진 이들이여,
사물의 변변찮고 미미한 특성을 보고
자연의 위대한 법칙을 깨닫는 이들이여,
모든 별들의 길을 아는 그대들이여,
우리를 당혹하게 하는 이것이 무엇인지
부디 말해 주세요.

도대체 무엇이 어두운 밤에 밝은 빛을 파도처럼

너울지게 하는지요?
도대체 무엇이 강한 불줄기로 하늘 천장을 때리는지요?
마른번개가 땅에서 하늘 꼭대기를 향하듯
어떻게 꽁꽁 얼어붙은 수증기가
겨울 한복판에 강렬한 불을 만들어낼 수 있는지요?

저렇게 두꺼운 안개가 바닷물을 억누르고,
짙은 공기 속에서 태양이 우리에게 어렴풋이 손짓하고,
구름 덮인 산꼭대기는 붉게 불타며,
바다에는 따뜻한 서풍이 멈추고,
잔잔한 파도는 천공을 끊임없이 때립니다.

주변에 일어나는 무수한 현상에 대한
그대들의 답변은 얼마나 많은 의문을 일으키는지요.
말해주세요, 우주는 얼마나 넓은지,
작은 별들 뒤로는 과연 무엇이 있는지,
창조물의 끝은 어디 있는지요?
말해주세요, 우리의 창조주는 얼마나 크신지요?

구르 조프의 밤 / 이반 아이바좁스키 / 1891.

삶이 그대를 속일지라도

알렉산드르 푸시킨

삶이 비록 그대를 속일지라도
슬퍼하거나 노여워하지 마세요

시리도록 마음 아픈 날엔
그저 가만히 누워 견디세요

그러면 즐거운 날이 찾아올 겁니다
마음은 미래를 삽니다

그래서 지나치는 슬픔엔
반드시 끝이 있기 마련이지요

모든 것은 순식간에 날아갑니다
그러면 내일은 기쁨이 돌아오겠지요

무라슈코의 초상화 / 일리야 레핀 / 1882.

삶이라는 짐마차

알렉산드르 푸시킨

어쩌다 감당할 수 없는 무거운 짐이 실려도
달리는 마차는 가볍기만 합니다
기세 좋은 마부, 백발의 시간은 고삐를 잡고
결코 놓치는 법이 없습니다

이른 아침부터 우리는 마차에 올라
목이 부러져도 좋으니 게으름과 편안함을
있는 힘껏 경멸하며 외칩니다, 달려라!

하지만 한낮이 되면 이내 기세가 꺾여
피곤에 지쳐 거친 비탈길도 골짜기도 점점
더 겁이 나서 외칩니다, 좀 천천히, 바보야!

여전히 마차는 계속 달리고
어두운 저녁이 되면 우리는 마차에 익숙해져
졸면서도 잠잘 곳을 찾아가는데
시간은 여전히 바짝 말을 몰아대기만 합니다.

붉은 말의 입욕 / 쿠즈마 페트로프보드킨 / 1912.

노년의 삶

표도르 바젬스키

노년의 우리의 삶은
마치 오래 입어 닳은 칼라트입니다
입자니 부끄럽고, 버리자니 안됐지요
그래서 우리는 오래오래전부터
형제처럼 서로 익숙해졌습니다
우리를 수선하거나 새로 고쳐 만드는 것은
더는 불가능합니다

우리가 늙어 버렸듯이
이제 칼라트도 낡아 버렸습니다
우리의 삶은 낡은 누더기를 걸쳤고
그 역시 누더기 신세입니다
온통 잉크가 그어지고, 잉크가 튀어 있지요.
하나 이 얼룩들은 그 어느 무늬보다도 소중합니다

이 얼룩들 속에 수많은 펜의 자취들이 있기 때문입니다
밝은 기쁨의 날이나 구름 끼고 어두운 슬픔의 날에
우리가 가지고 있던 우리의 모든 생각들,

모든 비밀들이지요. 모든 고백들,
모든 고통들을 고스란히 전했던 펜의 자취들이
삶에도 지나간 흔적들이 그대로 남습니다
그 위에 누군가의 한탄과 불평이 새겨져 있고,
그 위로 누군가의 슬픔과 재난의 그늘이 누워 있습니다.
하지만 이 그늘 속에
구슬프고 아름다운 매력이 숨어 있지요
삶 속의 전설, 이제 사라진 우리 조상의 메아리는
아직 마음 깊이 기억으로 살아 있습니다
그래서 어두운 해질녘 우리는 상기합니다
신선한 아침의 상쾌함과 한낮의
눈부심과 뜨거움을 말입니다

아직 나는 때때로 내 늙은 삶을,
그 무너짐들과 서글픈 굴곡들을 여전히 사랑합니다
병사는 전투에서 서글픈 굴곡들을 사랑합니다
병사가 전투에서 총이 관통한 전투복을 매만지듯
나 역시 사랑과 경외로 내 낡은 칼라트를 매만집니다.

폼페이의 마지막 날 / 카를 브륨로프 / 1830-1833.

회상

알렉산드르 푸시킨

세상 사람들의 끝없는 소란스러움으로
가득했던 낮이 침묵하고
도시의 말없는 거리 위로
조용한 밤의 반투명한 어둠과 함께
낮의 부단한 노고의 보상으로
잠이 드리워지면 고요 속에
내게로 천천히 고통스러운
각성의 시간이 찾아옵니다
밤의 무위 속에서 양심의 가책은
날카로운 뱀이 문 상처인 듯
더 화끈거리며 타오르고 온갖 상상들이 들끓지요
슬픔으로 짓눌린 어두운 영혼 속에는
우울한 사념들만이 복받쳐 마구 응어리집니다
회상은 그저 말없이 내 앞에
그 긴 두루마리를 펼칠 뿐입니다
나는 내 삶을 읽으면서 스스로 혐오에 떨며
저주하고 괴로움에 한탄하며 쓰디쓴 눈물 흘리면서도
절대 슬픈 구절들을 지우지 않습니다.

스케테의 겨울 / 미하일 네스테로프 / 1904.

슬픈 노래

알렉산드르 푸시킨

미친 듯한 시절의 황홀한 기쁨은 어느새 사라지고
혼란스러운 숙취처럼 고통스러운 괴로움만 남았습니다
하지만, 지난날의 슬픔은- 숙성된 포도주처럼
내 영혼 속에서 오래될수록 더욱 진해지기만 합니다
내 길은 우울하기만 합니다
미래라는 일렁이는 바다는
내게는 고난과 슬픔만을 약속하지요
하지만 오, 친구여, 나는 죽고 싶지 않습니다
나는 살고 싶답니다
오랫동안 생각하고 아파하기 위해.
나도 알고 있습니다
끝없는 비통과 근심과 불안 가운데
간간히 기쁨도 있으리라는 것을 말입니다
또다시 때때로 조화로운 음률에 가슴 흠뻑 적시고
끝없는 상상력에 눈물 흘릴 때도
있으리라는 것을 말이지요
또 아마도- 내 슬프고 희미한 석양 길에
사랑이 작별의 미소로 빛나리라는 것을.

석양에 폭풍우 치는 바다 / 이반 아이바좁스키 / 1896.

시베리아 광맥 속에

알렉산드르 푸시킨

시베리아 깊은 광맥 속에 긍지 높은
그대들의 무한한 인내를 보존하세요
그대들의 비통한 노력과 드높은
정신의 지향은 절대 사라지지 않을 겁니다
불행의 신실한 누이
희망은 어두운 암흑의 지하 속에서
실 같은 용기와 기쁨을 일깨우리니
그날은 반드시 올 겁니다

사랑과 우정이 그대들에게도 닿으리니,
깜깜한 닫힌 곳 굳센 빗장을 열고
지금 그대들의 캄캄한 감방 그 굴속으로
나의 자유의 소리가 다다릅니다
무거운 사슬이 어느새 풀어지고
암흑의 방도 허물어지면- 자유는
무한한 기쁨으로 그대들을 마중 나오리니,
그러면 형제들은 그대들에게 승리의 검을 건네겠지요

로시니 오스트로프 / 알렉세이 사브라소프 / 1881.

고향의 하늘

알렉산드르 푸시킨

제 고향 높고 푸른 하늘 아래서
고통만 받다가 시들어간 그녀…
마침내 시들어 죽었으니 아마도 내 머리 위로
젊은 혼령이 벌써 떠돌았겠지요
하지만 우리 사이엔 결코 넘을 수 없는 경계선이 있어
아무리 감정을 일깨우려 애써 봐도 소용이 없습니다
그저 무심하게 전하는 입에서
그녀의 안타까운 죽음의 소식을
나 또한 무심하게 들었습니다
그렇게도 불타는 마음으로 열렬하게 사랑했던,
그렇게도 팽팽한 긴장감으로,
그렇게 부드럽고 애타는 동경으로,
그렇게도 미친 듯이 괴로워하며
사랑했던 그녀였는데 말이지요!
이제 괴로움은, 그 사랑은 다 어디로 갔는지요?
오, 내 마음속에 가련하고 순진한 그녀의
순수한 혼령을 위해 이제는 돌이킬 수 없는 날들의
감미로운 기억을 위해 바칠 눈물도 탄식도 없다니요!

산타 마리아 델라 살루트, 호텔 베니스 / 콘스탄틴 고르바토프 / 연도미상.

때가 왔습니다

알렉산드르 푸시킨

때가 왔습니다
그대, 이제 때가 왔습니다
마음은 무한한 평온을 구합니다

하루하루가 마치 날아가듯 흘러가고
매 시간이 존재의 한 조각을 가져가 버리지만
우리 둘은 함께 살려합니다…

보세요 -막- 죽음이 닥쳐옵니다
이 세상에 진정한 행복은 없습니다
그저 평온과 자유가 있을 뿐.

하지만 오래전부터 나 부끄러운 운명을 꿈꿔 왔지요
오래전부터 나, 삶에 지친 노예는
무작정 도피를 계획했답니다
일과 순수한 기쁨만이 존재하는
그 머나먼 곳으로.

파랑의 여인 / 콘스탄틴 소모프 / 연도 미상.

노란 들판

미하일 레르몬토프

노랗게 익어 가는 들판이 부드럽게 물결칠 때,
신선한 숲이 잔잔한 바람 소리에 설렐 때,
뒷마당엔 빨갛고 향기로운 나무딸기가
초록 잎의 달콤한 그늘로 몸을 가만히 감출 때입니다

짙은 노을 질 때나 아침이
아름다운 금빛으로 다가올 때,
향기롭고 맑은 이슬을 머금고
덤불숲 뒤에서 청초한 은빛 방울꽃이
'안녕'하며 고개를 빼꼼히 내밀고 나올 때,
차디 찬 샘물이 어렴풋한 꿈속으로 생각을 빠뜨리고
험준한 계곡을 따라 춤추듯 흘러가며
그가 달음질쳐 온 평화로운 세계에 대한
비밀스러운 전설을 조용히 이야기할 때,
그때 비로소 내 불안한 영혼은 달래지고,
그때 내 이마의 주름살은 조금씩 펴지며,
이 땅 위에서 나는 행복에 이를 수 있고,
하늘에서 나는 신을 볼 수 있습니다.

오페라 루슬란과 류드밀라의 작곡 중
미하일 이바노비치 글링카 / 일리야 레핀 / 1887.

수도사와 수녀

알렉산드르 푸시킨

수도사들과 수녀들이 마음속에서
행복한 하늘나라로 가기 위해
지상의 폭풍우와 싸움 가운데 평온한 마음을
다지려고 많은 신성한 기도들을 만들었습니다
그중에서도 금식 주간에 신부가
반복적으로 되풀이하는 기도만큼
내 마음을 달래주는 것은 없답니다
그 무엇보다도 자주 내 입술에 맴돌 듯이 떠올라
알 수 없는 힘으로 쓰러진 내게 작은 힘을 주는 이 기도.
저의 나날을 이끄는 신이여, 어둡고 공허한 생각,
제일 앞서겠다는 헛된 생각, 감추어진 이 사악한 뱀,
또 허영심을 제 마음에 주지 마세요
오, 신이시여, 제가 제 죄를 제대로 보게 하시고
제 형제가 저로부터 심판받지 않도록 하세요
그리고 겸허와 인내와 사랑과 순수의 정신이
제 가슴속에 끊임없이 살아나도록 해주세요.

수녀들 / 미하일 네스테로프 / 1893.

나 그대를 사랑했습니다

알렉산드르 푸시킨

나 그대를 사랑했습니다
그 사랑은 아직,
아마도 내 마음속에서
완전히 꺼지지 않았답니다

하지만 내 사랑이
그대를 더는 번거롭게 한다면
그대를 무엇으로도
슬프게 하고 싶지 않습니다

나 그대를 사랑했습니다
아무런 말없이, 희망도 없이.
혹은 수줍음이,
혹은 끝없는 질투가 나를 괴롭혔으나

나 그대를 그토록 진정으로,
그토록 속 깊이 사랑했습니다
다른 이들에게도 그대가 부디

사랑받기를 바랄 만큼.

젊은 정원사 / 오레스트 키프렌스키 / 1817.

밤의 어둠

알렉산드르 푸시킨

그루지야 산 위로 밤의 어둠이 나란히 누웠고
내 앞에 아라그바 강물이 가만히 속삭입니다

내 가슴 이토록 저리고도
가볍고 내 슬픔 찬란합니다

내 슬픔 온통 그대로
가득 채워져 있으니 말입니다

그대만으로,
오직 그대만으로.

이 세상 그 무엇도 내 이 우울을
괴롭힐 수도, 휘젓지도 못합니다

가슴은 다시 불타고, 사랑으로 가득합니다
내 가슴은 사랑하지 않을 수 없기 때문입니다.

독서하는 여자의 초상화 / 이반 크람스코이 / 1881.

그대와 댁

알렉산드르 푸시킨

공허한 이름인 '댁'이 아니라
진정한 이름인 '그대'라고,

어쩌자고 무심코 나를 그렇게 불러
사랑에 푹 빠져버린 내 마음속에

온갖 행복한 꿈들을 일깨우는 그녀입니다
그녀 앞에 온통 생각에 잠겨 섭니다

그녀로부터 눈 뗄 힘조차 없습니다
나 그녀에게 진심으로 말합니다

'댁'은 얼마나 아름다우신지요!
하지만 속으로는 이렇게 생각합니다

나 얼마나 '그대'를
사랑하는지 알고 계신지요.

사모바르 / 쿠즈마 페트로프보드킨 / 1926.

기억에 바칩니다

          알렉산드르 푸시킨

내 모든 것,
그대의 기억에 전부 바칩니다

창의적인 영감 받은
리라의 목소리도,

통통 부은 처녀의
아련한 눈물도,

맹렬한 질투의 거센 경련도,
명성의 번쩍거림,

박해의 어둡고 깜깜함도,
밝은 꿈의 아름다움도,

잔인한 복수도, 잔혹한 괴로움도,
그리고 폭풍 같이 밀려오는 그리움도.

에로틱한 장면 / 콘스탄틴 소모프 / 연도미상.

메아리

알렉산드르 푸시킨

깊은 숲속에서
짐승이 거세게 울부짖을 때
뿔피리가 저 멀리 울리고
천둥이 크게 칠 때
언덕 뒤에서 처녀가
아름답게 노래할 때

이 모든 소리에 보내는 대답을
메아리, 그것은 문득
허공 속에 남몰래 만들었지요

멀리까지 울리는 천둥소리,
끊임없는 폭풍과 파도의 목소리,
시골 목동의 다급한 외침 소리를 듣고
나는 대답을 보냈지요

그런데 그대는 대답이 없다니요
그게 바로 그대군요, 시인이여!

숲 속의 호수 / 이삭 레비탄 / 1890.

…에게

알렉산드르 푸시킨

나 경이로움의 그 순간을 기억합니다
내 앞에 그대가 찬란하게 나타났었지요
마치 스쳐 가는 환영처럼, 순수한 미의 영처럼

아무런 희망 없는 슬픔의 괴로움 속에서도,
소란한 세상의 끝없는 불안 속에서도,
부드러운 그대 목소리 오래도록 내게 울렸고
사랑스러운 그대 모습 꿈속에 보였습니다

세월이 흘렀지요, 격렬하고 거센 돌풍이
예전의 꿈들을 산산이 흩어 놓았고
나 그대의 부드럽고 감미로운 목소리,
천사 같은 아름다운 모습마저 잊었답니다

벽지에서 유배의 그 막막한 암흑 속에서
내 나날들은 숨죽인 채
그저 지루하게 흘러만 갔답니다
고결한 신성도, 창의적인 영감도,

아름다운 눈물도, 삶도, 사랑도 없이
이제 내 영혼이 다시 한번 일깨워졌습니다
여기 그대도 다시 나타났으니
스쳐 가는 희미한 환영처럼,
순수한 미의 영처럼.

가슴은 벅찬 환희로 고동치고
그 속에 다시 모든 것들이 되살아났습니다
고결한 신성이, 창의적인 영감이,
그리고 아름다운 삶이, 눈물이, 사랑이.

콘스탄티노플과 보스포러스 해협의 전망 / 이반 아이바좁스키 / 856.

<핀데몬티> 중에서

알렉산드르 푸시킨

여러 사람의 머리를 정신없이 돌게 하는
그 무슨 쩡쩡 울리는 권력 따윈 내겐 귀중하지 않습니다
세금 흥정하는 달콤하고 흥분된 자리에 황제들의 분란을
요령껏 중재하지 못해서 투덜대지도 않습니다
출판사들이 바보 같은 독자들을 마음껏 우롱하고 속이건,
민감한 검열 때문에 풍자가에게 날 선
압력을 넣건 크게 마음 쓰지 않습니다
이 모든 것은, 알다시피 그저 말, 말, 말뿐이지요
내게는 다른, 더 나은 권리가 소중하답니다
다른 더 나은 진정한 자유가 절실하지요
권력자인 황제에게 얽매이건 무지한 군중에게 얽매이건
매한가지 아닌지요? 그런 것 따위 상관없이 아무에게도
전혀 신경 쓰지 말고 오로지 자신만을 위하여 행하고
기쁨을 느껴야 합니다. 권력에도 영예에도
자신의 양심과 사상과 목을 굽히지 말고
마음 내키는 대로 이리저리 떠다니며,
자연의 신성한 아름다움에 끝없이 경탄하며,
예술과 영감의 영원한 창조물 앞에서

무한한 감동에 취해 기쁨으로 떠는 것,
이것이 행복이지요! 이것이 권리지요…

이탈리아 정오 / 카를 브률로프 / 1827.

기념비를 세웠습니다

알렉산드르 푸시킨

나 드디어 경이로운 기념비를 세웠습니다
그리고 가는 사람들의 발길은
무성한 잡초로 덮이지 않겠지요

굽히지 않는 고개를 꿋꿋이 쳐들고
알렉산드로의 기둥보다 더 높이 솟은
내 기념비를 세웠습니다

결코, 나 온전히 죽지 않고-
자유로운 영혼은 신성한 리라 속에 남겠지요
내 유해는 다시 부활하여 썩지 않을 겁니다

그리하여 이 세상에 단 하나의 시인이라도
살아 있는 그 날까지 나 칭송받겠지요
내 소문은 위대한 러시아 전체에 널리 퍼져 나가고
이곳에 사는 모든 종족들이 나를 높이 부르겠지요
자존심 높은 슬라브 자손, 핀란드인,
아직은 미개한 퉁구스,

그리고 초원의 친구 칼미크인까지도 말입니다
나 오래도록 사람들에게 사랑받겠지요
아름다운 리라로 선량한 감정을 일깨웠고,
잔혹한 시대에 진정한 자유를 외쳤고,
쓰러진 이들을 위해 동정을 호소했습니다
오 뮤즈여, 오직 신의 명령에만 복종하세요

절대 모욕을 두려워하지 말고,
월계관을 요구하지 마세요
칭찬도 비방도 그저 무심히 여기고
바보들과 시비를 가리지 마세요.

크림반도의 풍경 / 이삭 레비탄 / 1887.

작은 꽃 하나

알렉산드르 푸시킨

작은 꽃 하나 바싹 말라 이제는 향기를 잃고
책갈피 속에 잊혀 있습니다
그것을 보니 갖가지 행복한 상상들로
내 마음 어느새 그득해집니다
어디에서 피었을까요? 언제? 어느 봄날에?
오랫동안 피었을까요? 누구 손에 꺾였을까요?
아는 사람 손일까요? 아니면 모르는 사람 손일까요?
도대체 무엇 때문에 여기 끼워져 있을까요?

무엇을 기념하려 했을까요?
조용한 사랑의 밀회일까요?
가슴 아픈 숙명의 이별일까요?
아니면 고요한 들판, 나직한 숲 그늘 따라
호젓하게 산책하던 그 어느 순간일까요?
그 남자 혹은 그 여자는 아직 살아 있을까요?
지금 어디서 살고 있을까요?
이미 그들도 이렇게 시들어 버렸을까요?
이 이름 모를 작은 꽃처럼.

베아트리체 레비 부인의 초상화 / 일리야 레핀 / 1918.

포도송이

알렉산드르 푸시킨

가벼운 봄과 함께 어느새 시들어 버린
장미를 절대로 애석해하지 않겠습니다

산 아래 탐스러운 넝쿨 속에 익은
포도송이도 내게 소중하지요

내 풍요로운 계곡의 아름다움과
내 황금 가을의 풍요로운 기쁨입니다

기름지고 투명한 포도송이는
마치 젊은 처녀의 손가락 같습니다.

무지개가 있는 풍경 / 콘스탄틴 소모프 / 연도미상

교외를 거닐다가

알렉산드르 푸시킨

이리저리 생각에 잠겨 교외를 거닐다가
고요한 공동묘지에 들어가면
코앞으로 바로 철책, 기둥들, 비석들.
그 밑엔 차린 것 없는 조용한 잔칫상에
비집고 들어가 앉은 게걸스러운 손님들처럼
수도의 모든 죽은 자들이 빼곡히 줄지어서
고요한 진창 속에 썩어갑니다
이미 죽은 상인들과 관리들의 영묘,
싸구려 조각가의 조잡하고 초라한 장식물들이 있습니다

그 위에는 그들의 선행과 직무와 관등에 대해
때로는 산문으로 때로는 운문으로
자세하게 새겨져 있지요
늙은 남편을 속였던 과부가 바치는
애달픈 사랑의 울음에다
도굴되어 파헤쳐진 유골 상자마저 어지럽습니다.
진흙더미 웅덩이의 새 무덤들은
입을 벌린 채 아침에 올 거주자를 가만히 기다리고 있고

이 모든 혼탁한 생각들이 내게로 끊임없이 다가와
지긋지긋한 우울증이 다시 찾아오면
침이라도 탁 뱉고 어디론가 뛰어나고 싶습니다
반면 화창한 가을날, 저녁의 고요함 속에
이미 죽은 자들이 장엄한 평온 속에 잠들어 있는
혈연의 시골 무덤을 찾을 때 나 얼마나 즐거운지요!
여기 아무런 장식 없는 널찍한 무덤들로는
한밤에 가만히 기어드는 도둑 대신
농부들만이 기도하고 깊은숨을 들이켜며
노란 이끼로 뒤덮인 수백 년 된 돌들 곁으로 지나갑니다

텅 빈 유골함과 조잡하고 초라한 피라미드 장식물,
코가 떨어진 과거의 영웅들이여,
닳아빠진 미의 여신상 대신
당당한 무덤 위로 가지를 드넓게 펼친 참나무 한 그루가
몸을 흔들며 웅성웅성 속삭입니다

러시아 트로이카가 있는 풍경 / 알렉세이 베네치아노프 / 1801.

마지막 꽃

알렉산드르 푸시킨

이제는 마지막 꽃들이
더 소중합니다

들판에 만발한
화려한 첫 꽃들보다도

우리 가슴에 늘 존재하는
우울한 생각들을

더 생생하게 일깨우는
마지막 꽃들 말이지요

그렇게 간혹
가슴 아픈 이별의 순간은
더 생생하지요

어떤 달콤한 만남의 순간보다도.

이탈리아의 봄 / 이삭 레비탄 / 1890.

죽음

표도르 도스토옙스키

나는 내가
어디에서 왔는지
아무것도 모릅니다

나는 내가
어디로 가는지도 모릅니다

나는 내가
존재하는 이유도

내가 과연 어떤 소용이
있는지조차도 모릅니다

하지만 단 하나 확실한 것은,
내가 곧 죽을 것이라는 사실입니다

그러나 어쩌면
내가 가장 모르고 있는 것은

바로 그 죽음일지도 모릅니다.

성 세바스찬 역의 이다 루빈스타인 / 레온 박스트 / 1911.

죄와 벌 中

표도르 도스토옙스키

짙은 어둠이 깊을수록...

조용한 별이
더 찬란하게 빛나듯이

내면의 슬픔이 깊을수록
신은 우리에게 더 가까이 계십니다.

소나무 숲 / 이반 시시킨 / 1866.

황금의 숲

세르게이 예세닌

황금의 숲이,
흰 자작나무들이 사랑스러운 말을 마쳤습니다
왜가리조차 저리도 슬프게 날아가는데
이미 그 누구도 더는 애석해하지 않습니다
누구를 애석해할 수 있는지요?

모두가 그저 세상의 방랑자일 뿐입니다
길 가다가, 우연히 들렀다가, 다시 편안한 집을 떠나고
푸른 호수 위 넓게 비치는 밝은 달 아래
밭은 떠나간 모든 이들을 희미한 꿈에 그립니다

나 이제 벌거벗은 들판 한가운데 가만히 섰습니다
바람은 왜가리를 저리도 멀리 밀쳐 보내는데
나 그저 즐거운 청춘에 대한 생각으로만 가득하니
지나간 그 무엇도 절대 애석해하지 않습니다

덧없이 잃어버린 지나간 시절도,
달콤한 라일락꽃 향기도 애석하지 않습니다

뒤뜰엔 빨간 마가목 장작이 활활 타고 있어도
불 쬐는 사람 누구 하나 없습니다

마가목 가지는 타버려도 그을지 않고
풀은 노랗게 말라도 이대로 죽지 않겠지요
나무들조차 고요히 잎새를 떨구는데
나도 서러운 말들을 떨구어 냅니다
시간이 스쳐가는 바람처럼 이 모든 것들을
쓰레기 더미로 파묻으면 좋겠습니다

말해주세요… 황금의 숲이
사랑스러운 말을 드디어 마쳤노라고.

카프리 전경 / 콘스탄틴 고르바토프 / 1927.

환멸

예브게니 바라틴스키

그대 달콤한 다정함으로 다시
헛되이 나를 유혹하지 마세요
쓰디쓴 환멸을 아는 자에게
지난날의 유혹은 도무지 낯설 뿐이지요!
이미 난 그대의 맹세를 믿지 않고,
이미 난 그대의 사랑을 믿지 않습니다
한번 처절하게 배반당한 꿈에
다시 몸 맡길 수 없지요!
그러니 내 어두운 우수를
더 깊게 하지 말아 주세요
지난날을 더는 이야기하지 마세요
사려 깊은 친구여, 깊이 잠든 병자를
흔들지 말아 주세요!
나는 자는 중,
오직 잠만이 달콤하답니다
지난 꿈들은 그저 잊어요
그대가 내 영혼 속에서 가만히 일깨우는 건
사랑이 아니라 동요뿐이랍니다.

앉은 악마 / 미하일 브루벨 / 1890.

시간의 강은 자신의 흐름으로

가브릴라 데르좌빈

시간의 강은
자신의 흐름으로
인간의 모든 일을
끊임없이 실어가고
망각의 늪 속에서
처절하게 부패시킵니다

사람들, 권력들
황제들까지도 말이지요

무엇인가 황홀한 리라와
피리의 소리를 통해
남는다 하지만 그것조차
영겁의 거대한 혀에 삼켜져 버려
공동의 운명을 결코 피할 수 없습니다.

일리야 레핀 초상, 어린 시절 / 일리야 레핀 / 1882.

백조, 잉어, 그리고 게

이반 크릴로프

동료들과 의견이 다르다면,
일은 절대로 순조롭게 진행되지 못하고
되는 일이라곤 없이 그저 고통만 남게 됩니다

어느 날 백조, 잉어 그리고 게가
커다란 짐이 실린 수레를 운반하게 되었지요

셋 다 수레에 몸을 꽁꽁 묶고
온 힘을 다했지만 수레는 꼼짝도 안 하네요!
그들에겐 가벼운 짐이었는데도 말입니다

그건 백조는 구름 속으로 멀리 날아가려 하고
게는 뒷걸음질 치려고 하고,
잉어는 물속으로 가려하기 때문입니다

누구의 책임인지, 누가 옳은지
우리는 결코 판단할 수 없습니다
그래서 수레는 지금껏 그곳에 있지요.

구성 (빨강-검정-금) / 류보프 포포바 / 1920.

세계 속에서

이노켄티 아넨스키

수많은 세계 속에서,
수많은 반짝이는 별들 속에서
나 별 하나만의 이름이 되뇌입니다

그건 내가 그 별을 보다
사랑해서라기보다는
다른 별들과 함께 있으면
황폐하기 때문입니다

무거운 침묵의 회의의 시간엔
나 그 별에게 간절히 기도하며
답을 구합니다

그건 그 별이 유난히
환하게 비추어서라기보다는
그 별과 함께라면 더는
빛이 필요하지 않기 때문입니다.

볼가 너머의 길잡이들 / 미하일 네스테로프 / 1922.

한숨 쉬세요

표도르 솔로구프

아직은 좀 더 숨 쉬세요
지상의 고통스럽고 탁한 공기를
가련하고 허약한 연기처럼 기이한 모습으로
이리저리 흔들리는 신의 병사여,
창조자에게 그대의 고통이 무슨 의미가 있는지요?

수백 년의 긴 세월은 일순보다 짧고
곧 회상만이 남았다가, 곧 기억조차 없겠지요
똑같이 부질없는 정열이 지금도 그렇듯이 말입니다
누군가가 타는 노을을 사랑하듯 말입니다
종말로 다가가면 그대의 창조자와 다투지 마세요

가련하고 허약한 흐릿한 연기처럼
다 타서 녹아 버린 신의 병사여,
아직은 좀 더 숨 쉬세요
지상의 고통스럽고 탁한 공기를.

볼셰비키 / 보리스 쿠스토디예프 / 1920.

고독

발레리 브류소프

이처럼 날이 가고 해가 가는데
헛되이 자유를 갈망하는 우리들!
차디찬 자신의 영혼 감옥 밑바닥에서
가차 없이 고독한 우리들!
끝없는 무기 징역을 선고받은 우리들!

우리의 뿌옇고 희미한 창에는
타인의 슬픔과 기쁨이
이리도 낯설게 뒤틀려 비치네요
삶은 쓸데없이 다른 방향으로 비켜가기만 하고
하루, 하루, 한 해, 또 한 해가 지납니다
우리의 사랑은, 말은, 눈짓은,
온통 거짓투성이일 뿐입니다
그러니 인간 존재 전부가 거짓을 행합니다!

더는 말할 기력도, 들을 기력도 없습니다
귀가 말을 듣지 않고, 혀는 단단히 굳었습니다.
단지 시간만이 알고 있지요, 어찌 잠재울 것인지.

아, 미친 듯이 울부짖는 비명을 어찌하려는 지요
마지막 속옷을 난폭하게 찢고
가슴 전체로 가슴을 가득 껴안아도
걱정도 무력하지요! 더는 희망이 없습니다!
정열 속에서조차 우리는 고독하기만 합니다!
합일도 없고, 융합도 없습니다
혼란스러운 욕망만 있을 뿐
순간 욕망이 일치합니다

노예 같은 무관심이 있을 뿐이지요.
영혼은 헛되이 날카로운 쇠창살 천장에
날개를 부딪치고, 또 미끄러집니다
그래서 이곳에, 똑같은 나락 위에 갇혀 있습니다
이제 쓸쓸한 나그네는 들판 한가운데서
빙빙 쓸데없이 눈을 돌립니다
우리는 영원히, 영원히 원의 중심에 있습니다
그리고 시야는 영원히 닫혀 있지요!

소령과의 결혼 / 파벨 페도토프 / 1851.

사랑하는 친구여

블라디미르 솔로비요프

사랑하는 친구여,
그대는 알지 못하는지요
우리에게 보이는 이 모든 것이
그저 보이지 않는 것의 반사이고,
허황된 그림자일 뿐이라는 사실을?

사랑하는 친구여,
그대에겐 들리지 않는지요
삶의 삐걱거리는 시끄러운 소음이
장엄한 화음의 이지러진 반향일 뿐이라는 사실을?

사랑하는 친구여,
그대는 느끼지 못하는지요
이 세상에 존재하는 유일한 것은
뜨거운 심장과 심장이 반기며 나누는
침묵의 대화라는 사실을?

해바라기가 있는 정물 / 콘스탄틴 고르바토프 / 연도미상.

모든 것을 축복합니다

알렉산드르 블로크

과거의 모든 것을 진심으로 축복합니다
나는 더 나은 운명을 바라지 않았습니다
오, 심장이여, 그대 얼마나 사랑했던지요!
오, 정신이여, 그대 얼마나 불탔던지요!
달콤한 행복도, 고통스러운 괴로움도
아무리 쓰디쓴 흔적을 남겼다 해도
정열의 폭풍 속에서, 지겨운 권태 속에서
나는 찬란한 과거의 빛을 잃지 않았습니다

그대, 새로운 것으로 찢어 버린 그대여,
부디 나를 용서해 주세요
우리는 살아야 합니다- 둘이 함께
그대가 입을 열어 말하지 않은 모든 것을
나 그대 모습에서 모두 알아보았으니
소복이 눈 내리는 밤, 그 냉철한 어둠 속에서
주의 깊게 사물을 뚫어져라 바라보는 두 눈으로
아프도록 가슴을 때리는 뛰는 심장으로
진정한 내 길을 쉬지 않고 끊임없이 걸어갑니다.

파이어버드를 위한 의상 디자인 / 레온 박스트 / 1910.

향냄새로 감싸고

알렉산드로 베르틴스키

그대의 가녀린 손가락은 향냄새로 감싸고
눈꺼풀 속으로 슬픔은 가만히 잠들었습니다
이제 더는 아무것도 필요 없습니다
아무도 애석하지 않지요

따뜻한 봄을 전하는 사람처럼
그대 눈부신 푸른 곳으로 가면
하얀 계단에서 위대한 신이 몸소
그대를 밝고 희망찬 천국으로 이끌겠지요
백발의 보제는 나직하게 가만히 속삭이며
고개를 조아리고 또 조아립니다

시간의 해묵고 오래된 먼지를
성긴 수염으로 조심스레 쓸어내며
그대의 가녀린 손가락은 향냄새로 감싸고
눈꺼풀 속으로 슬픔은 가만히 잠들었습니다
이제 더는 아무것도 필요 없습니다
아무도 애석하지 않지요.

작은 역 / 이삭 레비탄 / 1880.

나를 비웃지요

알렉산드르 베르틴스키

나 오늘 스스로 나를 비웃지요
나 몹시도 행복과 사랑을 원하지요

나 몹시도 바보 같은 이야기를 하고 싶답니다
순진하고 재미있는 어린애 같은 이야기를 하고 싶답니다

나 화려한 분과 연지 때문에 피곤하지요
항상 비극적 마스크를 쓰는 것이 이제는 피곤하지요

조금이라도 따뜻한 사랑을 받았으면 싶답니다
이 사나운 속임수를 그만 잊고 싶답니다

나 오늘 스스로 나를 비웃지요
나 몹시도 행복과 사랑을 원하지요

나 몹시도 바보 같은 이야기를 하고 싶답니다
내 금빛 꿈에 대한 바보 같은 이야기를 하고 싶답니다.

차 상인의 아내 / 보리스 쿠스토디예프 / 1918.

햄릿

보리스 파스테르니크

웅성거림이 멎었습니다
나 이제 떨리는 무대로 나갑니다

문설주에 기대어,
나 저 멀리 울려 퍼지는 메아리 속에서
내 생애에 일어날 일을 가만히 듣습니다

차가운 밤의 어둠은 그 축 위에
천 개의 쌍안경으로 모두 나를 향하고
오, 주여, 부디 하실 수만 있다면
제발 이 죽음의 잔만큼은 피하게 해 주세요

나 그대의 단호한 뜻을 진심으로 사랑하고
이 역할을 하는 데 아무런 불평도 없습니다
하지만 지금은 다른 극이 공연 중이오니
이번만큼은 저를 면하게 해 주세요
하지만 극의 순서는 이미 다 정해져 있으니
종말은 도무지 피할 길이 없습니다

나는 그저 혼자이고 주위의 모든 것은
바리새주의에 빠져 있지요
산다는 것은 펼쳐진 들판을
지나가는 것과는 다르답니다.

그들은 승리합니다 / 바실리 베레샤긴 / 1872.

불면의 집

마리나 이바노브나 츠베타예바

여기 또 불 밝힌 창이,
또 오랫동안 잠들지 못하는 사람들이 있습니다.
아마도- 술을 마시거나
아마도 그냥 멍하니 앉아 있거나
아니면 마냥 들은 차마 서로에게서
손을 떼지 못하는 것이겠지요
모든 집에, 벗이여, 그런 창이 하나쯤 있답니다
어둠은 희미한 촛불이나 램프가 아니라
불면의 눈동자로 환하게 밝혀져 있습니다

헤어짐과 만남의 아우성, 그대,
밖에 환하게 빛나는 창이여!
아마도, 수백 개의 촛불, 아마도
세 개의 촛불이 켜져 있겠지요
내 영혼 속에는 없습니다. 평온이 없습니다
그래서 나의 집에도 그런 창이 결국 생겼습니다
벗이여, 부디 기도해 주세요, 불면의 집을 위하여,
불면으로 불 밝힌 창을 위하여.

귀족의 아침 / 파벨 페도토프 / 1850.

거미 한 마리

소피아 파르노크

벽 모서리의 거미 한 마리가 내 성상을
거미줄로 온통 다 감아 버렸다
그러니 내 기도의 말은 모두 죽었다
낮 동안 정신이 나가 버린 내 머리는
베개로 저절로 수그러진다

바로 이렇게 그녀,
죽음이 나를 데리러 오겠지
음악도 아니고, 향기도 아니고
검은 날개의 악마도 아니고
영감 어린 고요도 아닌 모습으로

그러면 개가 짖기 시작하거나
쥐가 쥐구멍으로 들어가 버리겠지
선하지도, 악하지도 않은 나는
항상 이 음악을 들으며 살아왔는데
이제 이 음악을 들으며 죽겠지
바로 이렇게.

뉴맨 / 엘 리시츠키 / 1923.

아이들 책만 읽으세요

오시프 만델슈탐

아이들 책만 읽으세요
아이들 생각만 품으세요

모든 큰 것들은 머리 위로 날려 보내세요
그리고 깊은 슬픔에서 다시 일어나세요.

나 삶이 죽도록 피곤해서
삶에서 아무것도 받아들이지 않으려 합니다

하지만 내 궁핍한 땅을 무한히도 사랑해
다른 땅은 겪은 적이 단 한 번도 없었으니

나 머나먼 정원에서
소박한 나무 그네를 탔었지요

흐려진 의식 속에서 그때의
키 크고 울창한 전나무들이 가만히 떠오릅니다.

아기와 간호사 / 알렉세이 베네치아노프 / 1830.

흐트러진 정신으로

게오르기 이바노프

흐트러진 정신으로 거리를
이리저리 걸어 다닐 때,

카페에 앉아
여자들을 슬며시 쳐다볼 때

우리는 더는 진정한 말을 찾아내지 못합니다
완전치 못한 말은 더는 싫습니다

어떻게 해야 하지요?
페테르부르크로 돌아갈까요?

사랑에 빠져볼까요?
오페라 아케이드를 박살 낼까요?

아니면 그냥…
차가운 침대에 조용히 누워

두 눈 감고

더 이상 깨어나지 말아야지요.

오다 리스크 의상 디자인 / 레온 박스트 / 1910.

밤, 거리

알렉산드로 블록

어두운 밤, 거리
가로등 불 그리고 약국

의미 없는 희미한 불빛은
사반세기를 그냥 더 산다 해도

모든 것들이 그대로일 것입니다
이제 출구는 없습니다

만약 죽게 되면…
다시 한번 시작하게 되겠지요

모든 것이 똑같이 되풀이될 것입니다

어두운 밤, 운하의 얼어붙은 물결,
약국, 거리, 그리고 가로등 불.

케스트너맵 프라운, 롭 레브니스, 채프먼 GmbH 하노버 # 5 / 엘 리시츠키 / 1923.

자유의 영감

니콜라이 아지코프

당당하고 긍지 높은 자유의 영감이여,
하지만 백성들은 더는 그대에게
귀 기울이지 않습니다

신성한 복수여! 그대는 이제 침묵하고
황제에 맞서 당당하게 일어나지 않습니다

끔찍한 전제 정치의 잔혹한 힘 앞에서
영원한 멍에에 끝없이 순종하는
심장들은 아무런 불행을 느끼지 못하고
정신은 정신을 절대 신뢰하지 않습니다

나는 노예 러시아를 보았습니다
제단의 화려한 성물 앞에서
무거운 쇠사슬을 쩔렁이며 목을 꺾은 채
러시아는 황제를 위해 열심히 기도하고 있었습니다.

시슈마레바 자매의 초상 / 카를 브률로프 / 1839.

농부의 생각

알렉세이 콜초프

상에 앉아 가만히 생각합니다
혼자 어떻게 살지요?

젊은데 아내가 없고
젊은데 친구도 없으니까요

돈도, 집도, 쟁기도, 게다가 말도 없으니
아버진 내게 찌든 궁핍과 오직 한 가지 재주
강한 힘만을 유산으로 남겼답니다

그것마저 궁핍은 다른 사람들에게조차
모두 다 써버리게 했지요

상에 앉아 가만히 생각합니다
혼자 어떻게 살지요?

농민 여성 / 미하일 네스테로프 / 1901.

도시

아폴론 그리고리예프

그래요, 나 사랑합니다
이 거대하고 긍지 높은 도시를 사랑합니다
하지만 다른 사람들과 다른 이유에서 입니다

내가 도시에서 사랑하는 것들은
위풍당당한 저택들이나 궁전의 화려한 광채,
오래된 대리석 강변이 아닙니다. 절대 아니지요
오히려 비통한 심정으로 나는 도시 속에서 다른 것,
냉정한 표피 뒤 도시의 차가운 고통,
그 끔찍스러운 아픔을 봅니다

질퍽한 땅을 단단한 대리석으로 입혀
거친 바다로부터 보호하고, 기쁨과 고통의 잇따른
파도를 엄숙하게 감출지라도, 강이 그의 발 깊숙이 아래
화려한 사치와 쾌락을 가져다주어도
그 사회와 쾌락 속에는
우울한 근심, 땀, 고통의 무거운 자취가 배어 있습니다
궁정의 등불이 눈부시게 밝게 빛나도 그 안에 즐겁고

흥겨운 음악이 소리 높이 울려도 그건 기만, 기만일 뿐,
그것들은 도무지 누르지 못합니다
미쳐 버릴 만큼 끔찍하고 괴로운 고통의 신음 속에서,
나는 사치스러운 커튼 뒤 뿌연 유리창 속에서
오로지 심각한 고통을 알아채는 데 익숙합니다
어두운 골목에는 어디나 그 흔적이 있기 때문입니다

한결같은 그 고통의 끊임없는 흔적이
내 도시로 한밤에 그림자도 없이 놓이는 시간에,
모든 것이 투명하기만 한 이 시간에
내 앞을 어른거리며 지나가는 망령들의
무리들이 있습니다
마치 밤이 낮처럼 환하고
주위가 온통 묘지처럼 고요하고
모든 것이 투명하고 평온한 바로 이때,
이 평온 속에 잠깐이나마 고질병이 수그러지면
투명하게 드러나는 그 곪은 상처가 더욱 잘 보입니다.

델리에 있는 모스크 / 바실리 베레샤긴 / 1876-1879.

쾌락과 더러움

다닐 하름스

강물은 싸늘하고 조용히 중얼거리고
산 그림자들이 재빨리 들 위로 눕고
하늘엔 점차 빛이 사라지고
새들도 이미 잠에 빠져 빙빙 주변을 돕니다

검은 콧수염을 가진 집주인이
밤새도록 대문 앞에 서서 더러운 손으로
더러운 모자 밑 목 뒤를 계속 긁고 있습니다
그리고 창문마다 즐겁고 시끄러운 외침,
발 구르는 소리, 술병이 부딪히는 소리가 들립니다

하루가 가고, 열흘이 가고, 또 어느덧 여러 해가
스쳐 지나가면 사람들은 나란히 줄을 맞추어
무덤 속으로 소리 없이 사라집니다
검은 콧수염을 가진 집주인은 밤새도록
대문 앞에 서서 더러운 손으로
더러운 모자 밑 목 뒤를 계속 긁고 있습니다
그리고 창문마다 즐겁고 시끄러운 외침,

발 구르는 소리, 술병이 부딪히는 소리가 들립니다
달과 해가 어느덧 빛바랬습니다
별자리도 모양을 금세 바꾸었습니다
동작이 더 끈적끈적해졌습니다

시간은 모래같이 산산이 부서졌지만
검은 콧수염을 가진 집주인은
여전히 대문 앞에 서서 더러운 손으로
더러운 모자 밑 목 뒤를 계속 긁고 있습니다

그리고 창문마다 즐겁고 시끄러운 외침,
발 구르는 소리, 술병이 부딪히는 소리가 들립니다.

숲 / 이반 시시킨 / 1880년대.

도둑

니콜라이 네크라소프

즐거운 파티에 초대받아
지독히도 더러운 거리를 바쁘게 지나가다가
어제 나는 천한 장면을 보고 심한 충격을 받았습니다
흰 빵 한 개를 도둑맞은 가게 주인이
벌벌 떨면서 하얗게 질린 채 갑자기 크게 울부짖으며,
가게에서 튀어나와 소리 질렀습니다. '도둑 잡아라!'
도둑은 금세 사람들에 둘러싸여 잡혔답니다. 그런데,
한 입 베어 문 빵이 그 손에서 벌벌 떨고 있었습니다
그는 맨발에 낡고 더러운 누더기를 걸치고 있었고
병색이 완연히 남아 있는 얼굴에는 어쩔 줄 모르는
수치와 절망과 애걸과 공포의 흔적이 뚜렷했습니다
지서장이 와서 재빨리 부하를 부르고
이 사건을 조목조목 훌륭하게 수사하여
빵 도둑을 경찰서로 위세당당 데려갔죠
나는 마부에게 힘없이 외쳤습니다, '자, 가자!'
그리고 내게 그나마 유산이 남겨진 데 대해
황급히 신에게 감사 기도를 드렸습니다.

탈곡 헛간 / 알렉세이 베네치아노프 / 1822-1823.

공적을 위하여

오시프 만델슈탐

다가올 세대들의 영예롭고 위대한 공적을 위하여,
사람들 중에서도 기품 높은 종족을 위하여,
나는 아버지의 잔치에서 마실 술잔도,
기쁨도 명예도 모두 다 잃었습니다
어깨로 마치 이리 사냥개처럼
시대가 나를 맹렬히 덮치지만
내게는 이리의 피가 흐르지 않습니다
차라리 나를 모자처럼 마구 구겨서
시베리아 두꺼운 외투 소매 속으로 처박아 주세요

나처럼 비겁한 자도, 허약한 자도, 더러운 자조차
바퀴 속에 박힌 피투성이의 끔찍한 유골을 보지 않도록
내게 밤새도록 푸른 모피 같은 별들이
원초의 아름다움으로 반짝거리며 빛나도록
예니세이강이 흐르는 밤 속으로 나를 이끌어 주세요
우뚝 선 소나무가 별까지 닿아 있는 그곳으로.
내게는 이리의 피가 흐르지 않습니다
오직 사람만이 나를 죽일 수 있지요.

영웅들 / 빅토르 바스네초프 / 1881-1898.

수줍은 숨결

이파나시 페트

나지막한 속삭임, 그리고 수줍은 숨결,
나이팅게일의 아름다운 노래가 들립니다

가만히 꿈꾸는 시냇물 속에
그 은빛처럼 빛나는 고요한 흔들림이 보입니다

밤의 빛과 밤의 그림자,
끝없는 영원한 그림자가 비칩니다

사랑하는 얼굴에 얼핏 스쳐가는
매혹적인 변화가 보입니다

피어나는 흰 구름 속 장미의 진홍빛,
홍보석의 반짝임이 보입니다

또 입맞춤, 또 눈물이 보이지요
아침노을, 아침노을!

소피아 슈발로바의 초상 / 카를 브률로프 / 1849.

의식은 고통

야코프 폴른스키

내 의식은 심한 고통으로 짓눌렸습니다
내 눈물조차 다 타 붙었지요

늪 위로 향기로운 전나무들 얽혀 있고
갈대는 검은데 몇 줄기 희미한 빛살들이
어둠에서 물 위 허공을 향합니다

별들이, 수많은 별들이
그렇게도 반짝이는데

내 가슴속으로는
밤의 고요한 어둠만이
차가운 전율로 파고들뿐입니다

분노의 어두운 심연 위에
사랑의 빛은 거의 보이지 않습니다.

대귀족부인 모로조바 / 바실리 수리코프 / 1887.

태양의 불타는 입술

니콜라이 구밀료프

내 운명 속에서 다시는 지울 수 없는
결코 지울 수 없는 그대의 순수한 입술
처녀다운 용감한 시선,

그것들이 바로 그대를 이토록 동경하여
시로써 말하고, 시로써 생각하는 이유입니다

나는 달의 인력에 조용히 흔들리는
거대한 바다들을 그리고 수세기 전부터 예정된
궤도를 불타며 도는 수많은 별무리를 느낍니다

오, 가만히 미소 짓는 착한 그대,
온몸으로 다가와 있는 그대여,
그대가 항상 나와 함께 있다면

나 이 별들을 한 발로 디디고
태양의 불타는 입술에 키스하겠습니다.

꽃 모자를 쓴 어린 소녀 / 알렉세이 폰 야블렌스키 / 1910.

사랑할까요? 아닐까요?

블라디미르 마야코프스키

사랑할까요? 아닐까요?
나는 두 손을 나란히 꺾어
하나씩 하나씩 손가락을 뽑아서
여기저기 흩뿌립니다

길가에서 마주친 소박한 들국화
꽃부리 꺾어 하나씩 하나씩
꽃잎을 뜯어가며 사랑의 점을 친 후
휘휘 오월 바람 속으로 날려 보냅니다

이발할 때, 면도할 때 어쩌다 백발이 보여도,
세월의 은실이 무수히 올라와도
나는 그저 바라고 믿습니다

분별이라는 모독이 내게는
영원히 오지 않으리라고 믿습니다.

운세 / 알렉세이 베네치아노프 / 1842.

여인에게 보내는 편지

세르게이 예세닌

그대는 기억하겠지요
물론 그대는 모두 기억하겠지요

나 벽 가까이 닿을 듯 물러나 서 있었고,
그대는 흥분하여 이리저리 방을 돌아다니며
무언가 강한 일격을 내 얼굴로
내뱉은 것을 기억하겠지요

그대는 말했지요.
우리 이제 헤어질 시간이라고.
내 허망한 삶이 그대를 계속 괴롭히니
이제 그대도 일을 해야 한다고 말했지요
내 운명은 계속 아래로만 구를 거라고 말했지요

아 사랑하는 이여
그대는 결코 나를 사랑하지 않았지요
그대는 그저 내가 사람들 무리 속에서
기세 좋은 기수의 채찍에 황급히 쫓기는

땀에 젖은 말뿐이라는 걸 몰랐지요

오늘 나 부드럽고 달콤한 감정에 습격받아
슬프도록 지친 그대를 기억해요
그리고 이제 나 그대에게 말하러 달려가요
내가 그땐 어떤 사람이었고,
그때 과연 내게 무슨 일이
일어났는지 말하러 갑니다
부디 나를 용서해요

나 이제 알아요,
그대는 더는 그때의
그대가 아니라는 걸 알아요
그대는 진지하고 현명하신 남편과 그렇게 사세요
그대에겐 앞으로 성가신 내가 필요 없지요
나 당신에게 한 방울도 필요하지 않지요

운명의 별이 이끄는 대로

새로 고친 예쁜 현관의 지붕 아래서
그대는 그저 그렇게 사세요

그대를 기억하는 나는,
이제는 당신의 친구일 뿐인
세르게이 예세닌이
이렇게 안부 전합니다.

삿코 / 일리야 레핀 / 1876.

나 그대에게

아파나시 페트

나 그대에게 아무 말 않겠습니다
그대를 조금도 번거롭게 하지 않겠습니다.
나 혼자 속으로 되뇌는 것쯤은
죽어도 드러내지 않겠습니다.

낮 동안 내내 밤꽃들은 조용히 잠을 잡니다.
하지만 태양이 숲 뒤로 가만히 넘어가면
꽃잎들이 어느새 고요히 펼쳐지고
내 심장도 사르르 피어나지요.

아프고 지치고 힘든 이 가슴에
촉촉한 밤이 불어오면…계속 떨리는 나,
나 그대를 조금도 번거롭게 하지 않겠습니다.
그대에게 아무 말 않겠습니다.

알 수 없는 여성의 초상 / 이반 크람스코이 / 1883.

겨울밤

보리스 파스테르나크

온 세상에 거센 눈보라 휘몰아칩니다
이 땅 끝에서 저 끝까지
탁자에는 조용한 촛불이 타오릅니다

촛불이 타오릅니다
여름밤 날벌레들 이리저리 모여들어
날개로 마구 모닥불을 치듯
마당에 새하얀 눈송이들 몰려들어
유리창을 거세게 두드립니다

눈보라는 뽀얀 유리창에
동그라미와 화살을 아름답게 조각합니다
탁자에는 조용한 촛불이 타오릅니다

촛불이 타오릅니다.
아련한 불빛이 비치는 천장에
얽힌 그림자가 하나씩 집니다
얽힌 팔과 얽힌 다리들,

그리고 얽힌 운명이 집니다
마구 벗어놓은 작은 구두 두 짝
마룻바닥에 떨어지는 소리에

탁자의 촛불은
마치 드레스에 눈물 같은 촛농을 떨굽니다
거친 눈보라 어둠 속으로 모든 것이 사라집니다

짙은 회백색 어둠 속으로
탁자에는 조용한 촛불이 타오릅니다.

촛불이 타오릅니다
구석기에서 불어온 차가운 바람에 촛불이 에이고
매혹의 열기는 마치 천사 같이
두 날개를 힘껏 밀어 올립니다
그래서 십자 모양이 됩니다

짧은 2월 한 달 내내
흰 눈으로 휘몰아칩니다
탁자에는 조용히 촛불이 타오릅니다

촛불이 타오릅니다.

백조 공주 / 미하일 브루벨 / 1900.

마지막 시인

세르게이 예세닌

나는 시골의 마지막 시인입니다
내 노래 속에 나무다리 소박하기만 한데 이제
나 잎으로 향을 피우는 싱그러운 자작나무들과
아쉬운 고별 미사를 뒤로 하고 섰습니다
제 몸을 녹이며 황금빛 불꽃으로 아름답게 타는
촛불은 이제 다 사그라져 버릴 것이고
나무로 만든 은은한 달 시계는
목이 메어 나의 자정을 알리겠지요

하늘 푸른 들판 오솔길 가만히 따라
이제 곧 철의 손님이 납시고
그 굵고 검은손으로 아침노을이 배인
귀리대를 전부 긁어가 버리겠지요
무감각하고 낯선 귀하의 손바닥입니다
귀하가 있는 곳에 내 노래들 도무지 살 수 없지요!
이삭들만이 충성스러운 말들처럼
옛 주인을 그리도 애달파하겠지요
바람은 풍성한 추도회의 춤을 추며

울음을 빨아 버리겠지요
이제 곧, 이제 곧 나무 시계는
목이 메어 내 자정을 알리겠지요!

진흙 바다 / 알렉세이 사브라소프 / 1894.

2월의 대기

이반 부닌

아직 2월의 대기는 차갑기만 하고
축축하지만 벌써 정원 위로
하늘이 맑고 상쾌한 시선으로 내려다보고
신성한 세상은 점점 젊어지고 있습니다

얼마 전 추위와 함께 내린 투명하고 창백한 눈
금세 봄이 온 듯 녹아 눈물 흘립니다
하늘에서 작은 나뭇가지와 웅덩이 위로
푸른빛이 살며시 내려와 앉습니다

지평선 저 멀리 하늘 품속 나무들의 반짝임
아무리 보아도 싫증 나지 않고 발코니에 나가
숲속 새들의 흥겨운 지저귐 그지없이 달콤하게 듣지요

아니, 나를 이끄는 것은 풍경만이 아닙니다
내 목마른 시선이 보는 것은 빛깔만이 아닙니다.
그것은 바로, 이 찬란한 빛깔들 속에 빛나는
존재의 무한한 사랑과 기쁨입니다.

보시코프, 그의 딸 바바라 그리고 소르케 양 / 바실리 트로피닌 / 1842.

종종 지상에서

바실리 주코프스키

예전에는 종종 지상에서
젊은 시혼을 만나곤 했었지요
그땐 영감이 애써 부르지 않아도
하늘에서 내게로 저절로 날아와

지상의 모든 것들에
생명 창조의 빛을 가득 채워 주었으니
그때 내게 삶과 시는 하나였지요

하지만 노래를 주는 그이는
오래전부터 더는 나를 찾지 않고
내 영혼은 예전처럼 선명하게 볼 수가 없습니다
그리고 이제 하프 소리도 그쳤습니다
내가 이토록 기다리는 그이,
다시 내게 돌아올 날 있을까요?
혹 나의 상실은 영원하고
하프는 영원히 울리지 않을 것인지요?
하지만 그가 내게 찾아왔었던

그 아름다운 날들로부터 내게 남겨진 모든 것,
찬란하고 화려한 슬픔의 소중한 지난날들로부터
내가 간직한 모든 것. 이는 고독한 꿈의 꽃들입니다

내 삶의 가장 아름다운 꽃들을
나 그대의 신성한 제단에 가만히 놓으리니
오 순수한 미의 혼이여!
찬란하게 빛나는 영감이
언제 돌아올지 나도 모르지만
순수한 혼이여! 나는 그대를 알지요
그대의 별이 나를 계속 비추니까요!

내 영혼이 아직까지 그 별빛을 알아보는 한
황홀은 절대 죽지 않은 것이니!
지난날은 다시 돌아오겠지요.

화요일 팬케이크 : 버터 위크 / 보리스 쿠스토디예프 / 1916.

나의 혼

콘스탄틴 비튜슈코프

오, 심장의 오래된 기억이여!
그대는 이성의 슬픈 회상보다 강하지요
그대는 종종 그 알 수 없는 감미로움으로
나를 먼 나라로 이끕니다
나 분명히 기억합니다, 사랑스러운 말들을,
나 분명히 기억합니다, 푸른 두 눈을,
나 분명히 기억합니다, 느슨하게 나부끼며
흘러내리던 금빛 부드러운 고수머리를.
나 아직도 기억합니다
하나뿐인 내 초원 처녀의
온통 소박하고 사랑스러운 그 매무새를.
잊을 수 없는 그 모습.
어디서나 나와 함께 떠돌지요
나의 천사, 나의 혼- 잊을 수 없는 그 모습.
이별의 위안으로 주어진 내 영원한 사랑은
스르르 잠이 들면- 베개로 다가와
슬픈 꿈을 어루만져 달래 주겠지요.

스파르타의 헬렌 / 레온 박스트 / 1912.

시

보리스 파스테르나크

시여, 그대의 신성한 명예를 걸고
맹세하니 목이 메어 마치는 내 말은
그대가 더는 달콤하고 낭랑한 포즈가 아니라
불편한 삼등 열차석과 함께 하는 여름이고,
노랫가락이 아니라 어느 한적한 변두리라는 것입니다
그대는 무더운 5월의 얌스카야 뒷골목입니다
짙은 먹구름이 더위에 신음하며
여기저기 빗방울을 거세게 풀어 내립니다
보로디노 전장 최전선인 세바드린 야전 진지에서
그대는 큰 소리로 울리는 후렴이 아니라
휘어지는 철길 따라 두 줄로 나뉘는 변두리입니다
결국 역에서 집으로 스며드는 강한 인상에
놀라 더는 입을 열지 못하지요
폭우의 싹들이 무성한 포도 넝쿨 속에서
지저분한 흙물이 되더니
고요한 동트기 전 이미 오래도록
각운 속으로 맑은 물거품을 튀기며
지붕 아래로 시구詩句를 내립니다

시여, 물받이 밑에, 텅 빈 양은 양동이처럼
빈 구체적 일상의 진실들이 놓일 때
그때 비로소 흐름을 보전하고, 시여!
종이가 놓였으니-흘러드세요!

요크에 린넨 세탁소녀 / 이반 크람스코이 / 1874.

저 높은 곳에

이반 부닌

저 높은 곳에, 새하얀 눈 덮인 산정에
강철의 칼날로 나는 소네트를 새겼습니다
그리고 세월이 흘렀습니다

아마도, 아직까지도 새하얀 눈들은
내 고독의 자취를 보전하고 있겠지요
저 높은 곳에, 맑은 하늘이 그토록 푸른 곳에,
겨울이 기쁘게 빛나는 곳에,
비수가 푸른 보석 얼음덩이 위에
내 시를 조심스레 새겼습니다
오직 태양만이 지켜보는 그곳에.

어느 시인이 있어 나를 충분히 이해하리라는
즐거운 생각을 하기도 합니다
결코 골짜기 밑 무리들의
인사가 그를 기쁘게 하는 일이 없도록 해야지요!
저 높은 곳에, 맑은 하늘이 그토록 푸른 곳에
한낮의 뜨거운 태양 아래 나는 소네트를 새겼습니다

산정에 서 있는 한 사람만을 위하여.

탕라에서 가장 크고 신성한 곳 / 니콜라스 레리히 / 1932.

천공이 떨린다

블라디미르 호다세비치

별이 환하게 빛나고 천공이 조용히 떨립니다
밤이 빛의 궁륭(穹隆)들 사이로 가만히 숨습니다
어찌 이 온 세상을 사랑하지 않을 수 있단 말인지요
도무지 믿기 어려운 그대의 선물을?

그대는 나에게 믿지 못할 놀랄만한 오감을 주었고,
무한한 시간과 공간을 주었고,
화려한 예술의 환상 속에
내 영혼이 자유자재로 노닐도록 하였습니다

그리고 나는 무(無)로부터
그대의 바다들과 황야들과 산들을
이토록 시야를 찬란하게 눈부시게 하는
그대 태양의 온 영광을 창조해 내었습니다

그런데 문득 나 이제 마치 장난 같은
이 허황한 부조리를 부수어 버립니다
어린아이가 카드로 만든 요새를

부수어 버리듯.

죄수의 안식처 / 바실리 베레샤긴 / 1878-1879.

지옥에서

막시밀라인 볼로쉰

어두운 죽음의 밤들이 나날이 점점 더
먹먹해지면서 질려서 굳어가고 있습니다
끔찍한 페스트의 입김은 촛불 끄듯이 가녀린 생명을 끄고
누구를 도울 수도, 부를 수도,
비명조차 지를 수도 없습니다
러시아에서 시를 쓰는 사람의 운명은
그저 어둡기만 합니다

도무지 알 수 없는 운명이 푸시킨에게 피스톨을 겨누고
도스토옙스키를 사형대로 몰았습니다
하지만 나도 또한 같은 길을 가야 하겠지요
러시아, 자신의 아이를 살해하는 불행한 여인이여
하지만 나 그대 지하실에서 비참하게 죽어가도
지저분한 피의 웅덩이에 빠져도
그대 골고다를 떠나지 않겠습니다
그대 무덤들을 거부하지 않겠습니다
굶주림과 원한이 나를 끝까지 쓰러뜨려도
나 결코 다른 운명을 택하지 않겠습니다

그러니 나 죽게 되면, 오직 그대와 함께 죽겠습니다
그리고 그대와 함께 나사렛처럼
무덤에서 영원히 부활하겠습니다

올리브 나무, 벽, 바람 / 알렉세이 폰 야블렌스키 / 1907.

오시안의 이야기

오시프 만델슈탐

나 오시안의 이야기를 단 한 번도 들은 적도 없고
옛날의 술을 마셔본 적도 없습니다
그런데 뭣 때문에 내게 그 들판이,
스코틀랜드의 핏빛 달이 어른거리는 것인지요?

으스스한 정적 속에 까마귀와 가녀린 하프 소리가
서로 화답하는 것으로 보이는 것인지요
아니면 전사들의 피 묻은 스카프가 바람에 흩날리는 것이
달빛 속에 어른거리는 것인지요

나 그저 행복하게도 낯선 시인들의 떠도는
꿈들을 즐거운 유산으로 받았으니
우리의 친척들과 이 지겨운 이웃들을
경멸할 권리를 부여받은 것입니다

수 세기가 지나면 아마도 수많은 보물이
후손들에게로 넘어가겠지요
시인들은 또다시 이 낯선 혼들의 노래를 지어

자기 노래처럼 부르겠지요

철학자 / 미하일 네스테로프 / 1917.

야생의 즐거움

콘스탄틴 비튜슈코프

야생의 숲속에 알 수 없는 즐거움이 있고
바닷가에 무한한 기쁨이 있고
아무도 없는 곳 홀로 달려와 산산이 부서지는
거센 파도 소리에 아름다운 화음이 있지요

나 가까운 이를 사랑하지만,
그대, 어머니 자연이여
내 마음에 그대보다
더 소중한 것은 없답니다!

지배자이신 그대와 함께 나 지난날을,
 찬란했던 젊은 시절을
그 추운 세월이 남긴 것들을 때론 잊곤 하지요

그대와 함께 나 가끔 느끼며 살아나지만
내 마음은 적당한 표현을 도통 모르지요
하지만 어찌 침묵할 수 있는지도-모른답니다

참나무 숲의 비 / 이반 시시킨 / 1891.

주위의 모든 것

아파나시 페트

왔습니다, 주위의 모든 것이 드디어 녹습니다
모든 것이 온 힘을 다해 생명을 피우려 애씁니다
차가운 겨울 눈보라의 포로였던 심장은
갑자기 오그라드는 법을 잊어버리고 말았습니다
어제까지 말 못 하고 그저 괴로워하던 모든 것이
이제 말하고 살며시 피어나기 시작합니다
풍요로운 에덴의 활짝 열어젖힌 대문으로부터
하늘의 깊은숨이 나지막이 실려 옵니다
잔잔한 구름 떼의 행군은 얼마나 즐거운지요!

말로 형언할 수 없는 환호 속에서
새어드는 빛으로 나무들은 기쁘게 춤추며
초록색 연기를 뿜어냅니다
반짝이는 시냇물이 즐겁게 노래하고
이전처럼 하늘에서 아름다운 노래가 내려오고
노래는 말하는 듯합니다
옥죄던 모든 힘든 것은 지나갔다고 말합니다
일순이나마 사소한 근심을

가슴 깊이 부끄러워 않을 수 없고
이 영원한 아름다움 앞에선 절로 노래와
찬미와 기도가 우러날 수밖에 없습니다

머리 손질(1935년 '포기와 베스'의 루비 엘지) / 세르게이 수데이킨 / 1935.

이삭들

이반 부닌

꽃들, 벌들, 풀들
또 이삭들 그리고 청람빛 하늘과
한낮의 뜨거운 태양…

때가 되면- 신은 길 잃은 아이들에게 묻겠지요
"지상에서의 삶이 행복했느냐?"

그러면 나 모든 것을 잊고
오로지 여기 이것들만 기억하겠습니다

이삭들과 풀들 사이 이 들판 길만을…

그리고 기쁨의 눈물 절로
흘리며 아무 대답 못 하고

자비로운 그 발아래
가만히 엎드리겠습니다

세탁소 / 아이작 브로드스키 / 연도미상.

사랑하고도 싶은데

드미트리 메레주코프스키

사람들을 사랑하고도 싶은데
도무지 힘이 없습니다
난 그들 가운데 낯선 이방인,
친구들보다 내 마음에 더 가까운 건
반짝이는 별들, 하늘, 차갑고 푸른 그 먼 곳
그리고 숲들과 황야의 말 없는 깊은 슬픔…

나무들이 도란거리는 소리는 아무리 들어도 싫지 않고
아침까지 내내 밤의 어둠을 가만히 들여다보며
그토록 미치도록 달콤하게 흐느낄 수 있답니다
바람은 형이고 파도는 누이,
그리고 축축한 대지는 어머니…

하지만 파도와는, 바람과도 같이 살 수는 없지요
한평생 아무도 사랑할 수 없다니…무섭기만 합니다
내 심장은 이렇게 영원히 죽어 버린 것이 아닐까요?
오 신이시여, 내 형제들을 사랑하도록 해주세요.

소년원의 딸, 팔짱을 끼고 / 바실리 수리코프 / 1885.

유명세는 추합니다

보리스 파스테르나크

유명해지는 것은 추합니다
상승시키는 것은 결코 이것이 아니지요
초고를 보고 야단법석하지 말아야 합니다

창작의 목적은 오로지 자신을 바치는 것이지
떠들썩한 명성이나 부질없는 성공이 아니랍니다
속절없는 격언처럼 모든 사람 입에
오르내리는 건 바로 수치일 뿐입니다

자신을 스스로 치켜세우지 말고 살아야 합니다
결국에는 온 공간의 사랑이 모두 자기에게로 쏠려
미래의 부름을 현명하게 들을 수 있도록
그렇게 살아야 합니다

그러려면 생애 속에 빈 구석을 남겨 두어야 합니다
작품은 완전해야 하지요
종이 위엔 삶의 장과 절을 하나씩
꼼꼼히 적어야 한답니다

가장자리에 주를 표시해 가며 말입니다
무명 속으로 잠수해야 합니다
그 속에 발자취를 감추어야지요
마을이 뿌연 안갯속에 자취를 감추듯
지척을 분간할 수 없이 말입니다

다른 사람들은 그대의 삶의 자취를 따라
한 뼘 한 뼘씩 차근히 밟아가겠지요
그대 자신이 구별해야 하는 것은 아닙니다

무엇이 승리이고 패배인가를
그대의 개성으로부터 손끝만큼도
물러나서는 안 됩니다

그러니 그대는 살아 있어야 합니다
살아 있어야 하지요
끝까지 오직 살아 있어야 합니다.

파리의 카페 / 일리야 레핀 / 1875.

한없는 봄이여

알렉산드르 블록

오, 끝없고 한없는 봄이여
끝없고 한없는 꿈이여!
나 그대를 이렇게 알아봅니다, 삶이여!
나 그대를 맞으며 칼을 방패에 두드리며 인사합니다!

그대를 맞이합니다
실패여, 성공이여
그대에게도 인사합니다!
끔찍한 마술 걸린 울음의 땅에도,
웃음의 비결에도- 더는 수치스러울 것이 없지요!

밤을 꼬박 지새운 논쟁을 받아들입니다
희망찬 아침은 창문의 어두운 커튼 뒤에 있습니다
이제 봄은 내 충혈된 시선을
자극하고 취하게 할 것입니다!

그래서 나 맞이합니다, 인적 끊긴 시골집들을!
땅속 도시의 우물 같은 뒤채 마당을!

밝아오는 이 땅의 넓은 평원과
노예 같은 노동의 끔찍한 고통을!
문지방에서 그대를 맞이합니다
뱀처럼 구불거리는 거친 바람으로 오는 그대를,
차갑게 꽉 다문 싸늘한 입술 위에
알 수 없는 신의 이름을 머금은 그대를 맞이합니다

최후의 결투가 있기 전에
나 결코 칼을 내던지지 않을 것이고…
그대도 어깨를 드러내지 않겠지요
우리 머리 위에는- 취기 어린 꿈만 있답니다!
나 가만히 눈을 떠 적을 살펴봅니다

온 힘을 다해 증오하고
저주하고 또 사랑하면서
고통을 위하여, 파멸을 위하여-나도 압니다
하지만 아무래도 좋습니다-나 그대를 맞이합니다!

헬레즈의 공주 / 미하일 브루벨 / 1896.

러시아 정신

바체슬라프 이바노프

가장 원초적인 탐욕의 정신,
러시아 정신은 타오르는 불같이 위험합니다

그렇게도 억누르기 어렵고, 그렇게도 밝고
그렇게도 유쾌하고, 그렇게도 침울하지요

물결이 높고 흐리고 어두운 날에도
절대 휘지 않는 화살처럼 북극을 향하며

그 먼 꿈으로부터 우리의 삶 속으로
겁 많은 의지의 길을 가리킵니다

짙은 안개를 뚫는 독수리의 매서운 시선이
계곡에 묻힌 시체를 금방 찾아내듯이

땅에 대해서도 날카롭게 분별해냅니다
선비의 구름 속을 헤엄치며.

레닌 트리뷴 / 엘 리시츠키 / 1920.

루스

니콜라이 네크라소프

그대는 극도로 궁핍하기도 하고,
그대는 누구보다도 풍요롭기도 합니다
그대는 가장 강력하기도 하고,
그대는 새삼 무력하기도 하지요
어머니- 루스여!

가엾은 노예 신세 속에 살아남은 자유의 심장
백성들의 심장은 눈부신 황금, 황금이지요!
백성들의 부단한 힘, 강력한 힘,

거리낌 없는 양심 그리고 절대 죽지 않는 정의!
그 힘은 불의로 졸아들지 않으니
불의의 제물이 될 자는 아무도 없습니다

루스는 아무런 미동도 없으니
루스는 살해당한 것 같습니다
하지만 그 속에 감추어진 뜨거운 불꽃이 있으니
깨우지 않았으나 스스로 일어났고,

허락하지 않았으나 나왔습니다

한 알 한 알 적은 곡식이 산더미가 되는 법이지요
수없이 많은 투사들이 드디어 일어나고
그 속에 쳐부술 수 없는 막강한 힘이 드러나겠지요!

그대는 극도로 궁핍하기도 하고,
그대는 누구보다도 풍요롭기도 합니다
그대는 마구 얻어맞기도 하고
그대는 세상의 천하무적이기도 하지요.
어머니-루스여!

볼가의 바지선 운반선 / 일리야 레핀 / 1870.

서시

블라디마르 마야코프스키

물렁물렁해진 대가리에 떠오른
당신네들의 한낱 꿈같은 생각은
기름때 묻은 소파 위에 누워 있는
비곗덩어리일 뿐입니다

비천한 하인 같은 당신네들 생각을
피가 뚝뚝 떨어지는 내 심장 조각에 대고
긁고 비빌 겁니다
실컷 조소할 겁니다
나는 뻔뻔스럽도록 신랄하기 때문입니다

내 영혼 속에는 센 머리카락이란 한 오라기도 없습니다
늙어빠진 부드러움조차 없지요!
목청을 있는 힘껏 돋우어 세상을 천둥을 때리며
나는 갑니다-

아름다운 스물두 살의 나는 그렇게 갑니다
부드러운 자들이여!

당신들은 사랑을 바이올린으로 삐삐 켜지만
거친 나는 사랑을 북으로 꽝꽝 때리지요!

난 당신들과 달라,
내 온 몸뚱어리 확 뒤집어서
온통 입술이 되게 할 수도 있답니다!

그러니 와서 한 수 배우시지요
살롱에서 나오셔서,
빳빳하게 풀 먹인 리넨 드레스를 입은
점잔 빼는 관리 사모님도,
요리사가 요리책 책장 얼른얼른 젖히듯이
입술들을 태연히 젖히는 여성분도 배우세요

그대가 원하신다면 나- 내 온 몸으로
하늘처럼 형형색색 색깔을 바꾸면서
미친 듯 날뛸 수도 있답니다

하지만 그대가 원하신다면 나
흠잡을 데 없이 부드럽게 애무할 수도 있지요
그럴 때 난 남자라기보다는
차라리 바지 입은 구름이지요

나 꽃피는 니스를 믿지 않습니다!
나 이제 다시 찬미하겠습니다
병원처럼 오래 누워만 있던 남자들과
속담처럼 닳아 버린 여자들을 찬미하겠습니다

아홉 번째 물결 / 이반 아이바좁스키 / 1850.

시혼

예브게니 바라틴스키

내 시의 여신은 눈부시지 않습니다
그녀는 절대 미인이라 불리지 않지요

젊은이들은 사랑에 빠져
그녀 뒤를 따라다니지도 않는답니다

우아한 장식, 눈 놀림, 빛나는 화술로
사람을 매혹하는 데는 아무런 흥미도
재능도 없는 그녀입니다

하지만 세상은 그녀 얼굴의 남다른 표정에
그녀 말의 평온하고 소박함에 얼핏 놀라고
현란하고 신랄한 비평보다는 절로 흘러나오는
나지막한 칭찬으로 그녀를 존경합니다.

굴은 향기 공연을 하는 동안 발칸 반도의 내부 / 바실리 페로프 / 1863-1864.

봄봄

예브게니 바라틴스키

봄봄, 하늘은 얼마나 맑고 푸른지요!
지평선은 얼마나 선명한지요!
그 생생한 청람빛은 내 두 눈을 이토록 부시게 합니다

봄봄, 구름은 부드러운 바람의 날개를 타고
흥겹게 눈부신 태양빛을 향하여 얼마나 높이
날아가는지요!

맑은 시냇물 소리! 고요한 물결의 반짝임!
깨트린 강은 의기양양한 승리의 등뼈 위에
자기가 들어 올린 차디찬 얼음을 싣고 갑니다
아직도 나무는 헐벗었답니다
하지만 숲에는 바스락거리는 낙엽이 예전처럼
내 발밑에서 소리 내며 향기롭기만 합니다
높은 태양 바로 밑까지 날아올라
아주 밝고 높은 곳에서 눈에 보이지 않는
작은 꾀꼬리가 아름다운 봄의 찬미의 노래를 바칩니다
웬일인지요, 내 마음이 어찌 된 거지요

내 마음 맑은 시내와 함께이면 시내가 되고
즐거운 새와 함께이면 새가 되니!
시내와 함께 졸졸거리고
새와 함께 하늘을 날다니요!

어찌하여 눈이 부신 태양도, 따뜻한 봄도
마음을 이리도 기쁘게 만드는 건지요?
어찌하여 너그러운 자연의 딸처럼
내 마음이 향연에서 마음속 깊이 환호하는지요?

더는 필요한 것이 무엇인지요!
향연에서 망각을 마실 수 있는 이토록 행복한 사람에게
멋진 이 향연이 있어 생각에서
멀리까지 벗어날 수 있는 행복한 사람에게.

드니 프르에 붉은 석양 / 아르히프 쿠인지 / 1905-1908.

스핑크스

표도르 튜체프

자연은 진정으로
스핑크스입니다

예전부터 못 푸는
수수께끼가 없었고

지금도 만약
그렇다고 인간이 말하면

그녀는 거센 시련을
마련하여 더욱더 확실하게

인간을 파멸시킨답니다.

탑-카네 모스크 / 이반 아이바좁스키 / 19세기.

침묵

표도르 튜체프

나를 있는 그대로 드러내지 말고 침묵해야 합니다
내 감정과 꿈을 제대로 갖추고 그들이 영혼 깊숙한
곳에서
밤하늘의 빛나는 별처럼 고요히 일어나 걷도록 해야
합니다
그들이 고이 보듬으며 침묵하도록 해야 합니다
심장은 말로써 자신을 참되게 표현할 수 없는 법이지요
다른 사람이 어찌 그대를 이해하겠는지요
그대가 무엇으로 살아가는지 어찌 알 수 있겠는지요?
말을 뱉어 버리면 생각은 그만 거짓이 되어버린답니다

샘은 휘저으면 결국 흐려지는 법,
그것으로 살아가며- 침묵해야 합니다
그대 혼자서 그 속에서만 살 수 있는지요
그대 영혼 속에 온갖 신비롭고 환상적인 생각들이
그 둥근 온 세상이 있으니 바깥의 소음은
그것을 힘 빠지고 그저 멍하게 할 뿐
낮의 세상의 빛은 그들을 전부 쫓아내려 하지요

그러니 그들의 노래에 귀 기울이고 침묵해야 합니다.

겁먹은 사람 / 엘 리시츠키 / 1920-1921.

이 초라하고 가난한 마을들

표도르 튜체프

이 초라하고 가난한 마을들
이 헐벗고 초라한 자연
이 오랜 고통과 인내의 고향 땅
그대 러시아인의 땅이여!

다른 종족의 건방지고 오만한 시선은
도무지 이해하지도 알아채지도 못하겠습니다

도대체 무엇이 그대의 겸허한 헐벗음 속을
가로질러 그토록 신비롭게 빛나고 있는지요

무거운 십자가를 등에 지고
초라한 노예 같은 차림으로
하느님께서는 조국 땅, 그리고
그대를 온통 축복하며 떠도셨지요.

러시아에서, 사람들의 영혼 / 미하일 네스테로프 / 1914.

마지막 사랑

표도르 튜체프

오, 삶의 어두운 석양길에서
우리는 더 부드럽게, 더 가슴 졸이며 사랑합니다

마지막 사랑, 그리고 붉은 저녁노을
작별의 빛이여, 환하게 빛나세요, 빛나세요!

하늘의 반은 서서히 어둠이 드리워졌습니다
다만 저쪽, 서쪽 하늘에만 여전히 빛이 머무니

저녁이여, 조금만 천천히, 천천히 지나가세요
매혹이여, 조금 더, 조금 더 머무르세요

혈관 속에 피가 점점 줄어든다 해도
가슴속의 부드러움은 결코 줄어들지 않겠지요

오, 그대, 내 마지막 사랑이여!
그대는 정말이지 축복이군요!

긴 의자에 누워 있는 여자 / 콘스탄틴 소모프 / 1917.

낮과 밤

표도르 튜체프

영혼들의 알 수 없는 신비한 세계 위로
이 이름 모를 괴로움의 나락 위로
우리가 이해할 수 없는 신의 높은 의지에 의해
화려한 금실로 짠 덮개가 덮어씌워졌습니다
밝은 낮은- 바로 이 반짝이는 덮개 같지요
밝은 낮은 지상의 모든 것들에 생기를 주고
아파하는 영혼을 가만히 달래 주는 친구이지요

인간들에게도, 신들에게도!
하지만 낮이 저물면- 어두운 밤이 닥쳐옵니다
금방이라도 가까이 들이닥쳐- 운명의 세계로부터
화려한 금실로 짠 덮개를 발기발기
찢어 던져 버리겠지요

그러면 우리에게 벌거벗은 채 그대로 드러나는 것은
공포와 죽음이 영원히 머무는 그 나락
우리와 나락은 이제 하나가 되지요
그래서 바로 밤이 무서운 거지요!

대명사 / 엘 리시츠키 / 1923.

가을 저녁

표도르 튜체프

으스름한 가을 저녁 빛 속에는 겸허하고
신비로운 알 수 없는 아름다움이 있습니다

불길하지만 아름다운 빛깔, 현란한 단풍,
맥없이 가볍게 서걱대는 붉은 잎새들.

서럽게 점차 고아가 되어가는 땅이지요
안개 덮인 고요한 청람빛 하늘에서는
이제 막 거센 폭풍이 다가올 것을 예견합니다

때론 찬바람이 가끔씩 불어 닥치는데
파멸과 쇠잔- 이 모든 것에 그 부드럽게
시들어가는 것의 잔잔한 미소가 있습니다

냉철한 이성을 가진 존재의 미소라면
고통의 신성한 부끄러움이라 부를 만하지요.

불평등한 결혼 / 바실리 푸키레프 / 1863.

다섯 시경

니콜라이 네크라소프

어제 오후 다섯 시경
나는 센나야 광장을 지났습니다

거기 초라한 한 여자가, 젊은 농부 아낙이
채찍으로 심하게 맞고 있었습니다

그런데 여자의 가슴에선
아무 소리조차 안 나왔고
채찍만이 신나게 춤추며 휘파람을 불었지요

나는 내 신혼에게 말했습니다
"보세요! 그대 피붙이 누이입니다!"

2003년에, 미국은 카스의 납치 소식 / 빅토르 바스네초프 / 1878.

지혜를 모릅니다

콘스탄틴 발몬트

나 다른 이들에게 유용한 지혜를 모릅니다
나 찰나의 순간들만을 시 속에 들여오지요

나 매 순간 속에서 현란한 무지개의 유희를 즐깁니다
하지만 가득한 세계를 봅니다

아 무슨 상관인지요? 현명하신 이들이여,
부디 저주하지 마세요

난 화려한 불로 가득한 구름 조각 하나,
그저 한 조각구름일 뿐입니다

자, 보세요, 나 떠납니다, 하지만
나 당신네들이 아니라 꿈꾸는 사람들을 부릅니다.

끔찍한 차르 이반 / 빅토르 바스네초프 / 1897.

미친 듯 살고 싶습니다

알렉산드르 블로크

오. 나는 미친 듯 살고 싶습니다

모든 존재를, 영원한 것으로 만들고
무성격을, 인간적인 것으로 만들고
실현 불가능을, 가능한 것으로 만들어
삶의 무거운 꿈이 우리를 짓누르고
비록 이 꿈속에서 내가 질식당할지라도
살고 싶습니다.
어쩌면,
유쾌한 젊은이는 미래에 나에 대하여
이렇게 말할지도 모릅니다
음울함과 작별하세요
진정 이것이 그의 숨은 원동력인지요?

그는 온통 선과 빛의 아이이자
그는 온통 자유의 승리입니다!

아나 카프리의 더운 날 / 콘스탄틴 고르바토프 / 1927.

결론

마야코프스키

사랑은 결코
씻기는 것이 아니지요

거친 말다툼에도,
어설픈 거리감에도,
이제 검토도 끝났습니다

조정도 끝났지요
마지막 검사도 끝났습니다

이제야말로 엄숙하지만
서툰 시구를 받들어
진지하게 맹세합니다

나는 사랑합니다
진심으로 사랑합니다.

폴레노우 가문의 초상 / 보리스 쿠스토디예프 / 1904-1905.

아나스타시아

블라지미르 메그레

"당신은 왜 하필이면 그 사람을
사랑하게 됐지요?"
라는 질문에

아나스타시아는 그냥 단순히
대답했습니다.

"그런 질문을 내게 해봐야
아무런 소용이 없답니다.

진정한 사랑에 빠진 사람은
그 누구도 왜 그 사람을
사랑하는지 절대 설명하지 못하지요.

내가 사랑하는 사람이
그저 내겐 최고입니다."

여인의 초상 / 아이작 브로드스키 / 1916.

날개

베라 파블로바

그토록 높은 곳에서
그렇게 오랫동안
떨어지고 추락했으니,

어쩌면 나는 제대로
나는 법을 배울

충분한 시간을
갖게 될지도 모르겠습니다.

예술의 신격화 / 일리야 레핀 / 연도미상.

이 세상에 흥미롭지 않은 사람은
결코 없습니다

예브게니 옙투셴코

이 세상에 흥미롭지 않은 사람은 결코 없습니다. 각 사람의 운명은 마치 행성의 역사와 같지요. 그 자체로 특별하지 않은 행성은 아무 것도 없으며, 어떤 두 개의 행성도 서로 같지 않습니다.

만약 누군가가 눈에 띄지 않게 조용히 살면서 그 눈에 띄지 않음과 친하게 지낸다면, 오히려 그 눈에 띄지 않음 때문에 그는 사람들 사이에서 매우 흥미롭습니다.

각각의 사람은 자신만의 비밀스러운 세계가 있지요.

그 세계 안에는 각자 최고의 순간이 있습니다.

그 세계 안에는 각자 고뇌의 시간도 있지요.

하지만 우리로서는 그 두 시간에 대해 모두 알 수는 없습니다.

누구든 죽을 때 홀로 죽지는 않습니다.

그가 맞은 첫눈도 그와 함께 죽지요.

그의 첫 입맞춤, 그의 첫 싸움······.

이 모든 것을 그는 전부 데리고 갑니다, 모두 함께.

그러나 그가 읽은 책들, 건너다닌 다리들은 남습니다. 그가 그림을 그린 캔버스와 자동차들도 남지요. 그렇지요, 많은 것이 남게 되어 있습니다.

하지만 그럼에도, 어떤 것은 정말로 우리를 떠나게 됩니다. 그것이 이 가차 없는 이 세계 유희의 규칙입니다. 사람들이 죽는 것이 아니라 오히려 세계들이 죽는 것이지요. 우리는 실수가 많았고 세속적으로 보이는 사람들을 기억합니다. 하지만 그들에 대해 우리가 과연 무엇을 알았던지요.
형제와 친구에 대해 우리는 무엇을 제대로 알고 있는지요. 우리가 가장 사랑하는 사람에 대해서는 무엇을 알고 있는지요.
우리 자신의 아버지에 대해서는. 모든 걸 아는 것 같지만 우리는 여전히 아무것도 모릅니다.
사람들이 하나씩 떠나갑니다. 하지만 그들을 되돌아오게 할 길은 없습니다.
그들의 비밀스러운 세계는 절대 되살릴 수 없습니다. 그리고 매번 나는 이 되살릴 수 없음 때문에 더 크게 외치고 싶어집니다, 어떻게 그대마저 잃을 수 있겠느냐고 외치고 싶습니다.

볼가 / 이삭 레비탄 / 1889.

베스트셀러 × 세계 100대 명화
러시아 시화집

발행	2021년 5월 20일 초판
기획	권호
글 저자	레프 니콜라예비치 톨스토이
	미하일 레트몬토프
	알렉산드르 푸시킨
	표도르 도스토옙스키 외
옮긴이	리언
디자인	현유주
발행인	권호
발행처	뮤즈(MUSE)
출판등록	국립중앙도서관
연락처	muse@socialvalue.kr
홈페이지	http://www.뮤즈.net

ⓒ 2021 레프 니콜라예비치 톨스토이, 미하일 레트몬토프, 알렉산드르 푸시킨, 표도르 도스토옙스키 외

ISBN 979-11-972969-8-7 03800
값 15,000원